Autor de la Vida

AUTOR DE LA VIDA

Un Testimonio

"Mas vosotros negasteis al Santo y al Justo, y pedisteis que se os diese un homicida, y matasteis al Autor de la vida, a quien Dios ha resucitado de los muertos, de lo cual nosotros somos testigos". (Hechos 3:14-15)

GERMAN RODRIGUEZ R.

Número de Control de la Biblioteca del Congreso de EE. UU.: 2019900270

ISBN:	Tapa Dura	978-1-5065-2783-3
	Tapa Blanda	978-1-5065-2785-7
	Libro Electrónico	978-1-5065-2784-0

Algunos nombres de personas, lugares, instituciones, etc., y sus datos de identificación han sido cambiados para proteger la privacidad de los individuos.

Información de la imprenta disponible en la última página.

Fecha de revisión: 16/01/2019

Para realizar pedidos de este libro, contacte con:
Palibrio
1663 Liberty Drive, Suite 200
Bloomington, IN 47403
Gratis desde EE. UU. al 877.407.5847
Gratis desde México al 01.800.288.2243
Gratis desde España al 900.866.949
Desde otro país al +1.812.671.9757
Fax: 01.812.355.1576
ventas@palibrio.com
790225

DEDICATORIA

Al Dios eterno y Autor de la vida, damos toda la gloria por su bondad, misericordia y poder, que con lazos de amor nos atrae a su presencia, gracias Señor por tu paciencia y creatividad.

Gracias a todos los Líderes y hermanos que de alguna manera han sido instrumentos de Dios para bendecir nuestras vidas, poniendo de su tiempo, oración y dedicación para hacer la obra del Señor.

Gracias a mi amada esposa e hijos por su paciencia, apoyo, compañía y amor incondicional, creyendo que la obra de Dios se perfecciona cada día y que juntos podemos hacer la diferencia aunque las circunstancias a veces digan lo contrario.

Gracias a mi hermana, mi papá y demás familiares, porque creyeron que su ayuda era imprescindible, su apoyo, su Fe y su buena intención.

Gracias a mis amigos que de alguna manera estuvieron a mi lado y sin saber estaban en el plan de Dios para ser de bendición.

"Gracias eternamente Jesús"

Índice

Le sugerimos auxiliarse de la Santa Biblia para su máximo aprovechamiento.
Todos los versos bíblicos fueron tomados de la versión Reina Valera 1960.
La mayoría de los nombres fueron cambiados para respetar sus derechos.
Abreviatura para señalar un mensaje directamente de Dios para mí. (Rev.)

Prólogo

El hermano Germán Rodríguez es un testigo del poder transformador del Espíritu Santo de Dios en su vida. Fue salvo en una etapa de oscurantismo espiritual, cuando pensó no tener oportunidad de salir de tales ataduras demoniacas. El cayó en tal entrampamiento bajo falsas promesas de vivir una religión de poder, de dominio, de pactos, de secretos y control. Día a día su vida fue atrapada en rituales a deidades de santería y espiritismo que le quitó su libertad de vivir feliz y en paz. Llegó al punto que hasta su mente fue atacada y atada por los demonios.

Es bajo tales ataduras y en tal proceso que llegó Cristo a su vida, luego de ir por 6 días a la campaña de liberación en la Iglesia y 6 noches de lucha espiritual contra los demonios. Es en este proceso que fue libre de ese mundo espiritual de maldad que lo mantuvo atado por tanto tiempo.

Su experiencia en el mundo de la oscuridad, del espiritismo y la santería fue tan fuerte que al ser libre por la gracia de Dios, quiere expresar en este volumen que solamente en Dios, en Cristo y bajo la dirección del Espíritu Santo, se vive en la verdadera libertad, en paz y en bendición espiritual.

Para mí es un placer dejarles a ustedes los lectores este volumen que seguramente les cautivará y les hará pensar seriamente antes de tomar la mala decisión de caer en el espiritismo, la santería o en cualquier otra secta de error.

Pastor Tomas Acevedo
Obispo Ordenado Iglesia de Dios
Iglesia de Dios Fuente de Redención, Tampa Florida
B.A., M.P.C
tacevedo4@yahoo.com

Introducción

El objetivo de este material es para edificar la Fe de los que creen, y mi deseo no es invadir su forma de pensar, sino compartir con usted mi testimonio, llevándole por todo un largo caminar de intensas experiencias, totalmente reales, siendo testigos y partícipes: mi fiel esposa, familiares y hermanos en la Fe, y sobre todo poniendo por delante, que la gloria, es para Dios.

Sería casi imposible recopilar tanta información si desde el principio hubiera yo menospreciado la voz de Dios, ya que desde mis comienzos en este largo caminar, sentí la necesidad de escribir algo en forma de diario o bitácora, atesorando todo le que he creído imprescindible, interesante o extraño en todas mis vivencias.

Aunque en algún momento la mayoría de nosotros sabe o cree que Dios es real, no todos nos hemos detenido a pensar que creer en Él es bueno, pero conocerlo es maravilloso, lo cual te puede llevar de la teoría a la práctica, del sueño a la realidad, a descubrir, alcanzar y experimentar cosas que nunca habías imaginado.

"Dios no es algo sino alguien"

Él no es un ser distante, apartado o solitario, al contrario, nosotros habitamos con Él, y Dios puede habitar dentro de nosotros.

Deténgase a pensar en esto: no es lo mismo creer o desear tener una familia, que llegar a tener un hogar donde ellos existen. "Dios puede ser parte de tu familia"

Dios te enseña, ilumina, protege, hace planes, tiene valores, principios, habla y escucha, se alegra y se entristece, ama y se duele, porque Dios también tiene un corazón.

"He aquí, yo estoy a la puerta y llamo; si alguno oye mi voz y abre la puerta, entraré a él, y cenaré con él, y él conmigo". (Apocalipsis 3:20)

Es por esto, mi intención de llevarlo a través de mis experiencias, a una relación más cercana con el creador.

Capitulo 1

Dios te busca primero

"Ninguno puede venir a mí, si el Padre que me envió no le trajere; y yo le resucitaré en el día postrero". (Juan 6:44)

¿Cómo y cuando yo descubrí que estaba siendo visitado por Dios?

Cuando yo ni siquiera pensaba que podía conocer a Dios, el me buscó primero, de alguna manera yo creía en Él y hasta puedo decir que, en ocasiones, yo sentía que algo o alguien me protegía, pero todo comenzó cuando de forma sutil, Él llamó mi atención.

Nunca había imaginado que pudiera tener una experiencia similar, pero es diferente conocer a alguien que nunca has visto, o escuchar una voz que no sabes de donde proviene. Es aquí donde necesitamos que alguien que ya le conoce nos ayude, ¿Por qué?

Vivimos en un mundo dominado e influenciado por fuerzas espirituales que no conocemos pero son reales, esto es evidente y negarlo no hace la diferencia, desconocer o dejar de ver todo lo que nos rodea simplemente no cambia su existencia, el viento sopla y no le vemos pero sigue siendo real, cuando hablamos en términos espirituales, negar o menospreciar a Dios no cambia su existencia, ciertamente nosotros sin Dios no somos nada, pero Dios sin nosotros sigue siendo Dios.

"Con cuerdas humanas los atraje, con cuerdas de amor; y fui para ellos como los que alzan el yugo de sobre su cerviz, y puse delante de ellos la comida". (Oseas 11:4)

Dios te busca, te alcanza y te atrae con paciencia, solo tienes que dejarte llevar para que pueda hacer su obra completa y perfecta, porque cada vez que nos resistimos dañamos el plan de Dios, no importa cómo te encuentras, solo déjate atraer por sus cuerdas de amor.

"Los planes de Dios"

Nací en un pueblo pequeño rodeado de mar cuyo nombre es el de un pez (macabí) el cual se encuentra en la parte oriental de Cuba, en la provincia de Holguín, allí estaba ubicada nuestra casa y familia donde conocí a mi esposa y estuve gran parte de mi vida en contacto con el mar, la pesca y la naturaleza, crecí en el seno de una familia con diversas costumbres y tradiciones ancestrales, con cierta inclinación a las creencias y la práctica de la santería y el espiritismo, un entorno donde aprendí a vivir, pero no de la manera correcta, y a pesar del tiempo y el camino recorrido todavía no había conocido a Dios, me encontraba perdido, muerto espiritualmente, lleno de falsos valores, conceptos y creencias totalmente contrarias al plan de Dios para el hombre, sumergido en el pecado, tenía una forma de pensar y de vivir que solo podía terminar dañando mi vida y la de mi familia, conocía y tenía todo tipo de ídolos lo cual tampoco lograban llenar un gran vacío inexplicable que yo sentía en mi interior.

Para este tiempo yo no sabía que la palabra de Dios, nuestro creador se podía encontrar en la Biblia, y aunque nadie me había compartido ni un solo versículo de ella ya Dios tenía su plan para mí.

A mis 25 años luego de tanto tiempo viviendo en aquel pequeño poblado, por asuntos de trabajo habíamos decidido mudarmos a la capital del municipio, donde años más tarde veríamos el comienzo del cumplimiento en los planes de Dios, el cual por su misericordia y amor nos alcanzó.

Corría el año 2011 y yo llevaba una vida espiritual intensa pero contrario a lo que Dios espera de nosotros, la idolatría y el espiritismo eran el centro de mi vida, era todo lo que yo había creído y practicado, lo cual a diferencia de ser una bendición se había convertido en una carga pesada para mí y para mi familia, esto era todo lo que había aprendido en cuanto a lo espiritual, que a pesar de tener una familia bastante grande, nadie conocía a Dios de corazón y tampoco nadie me había dicho hasta ese momento que se podía conocer mejor.

Había yo estado visitando por muchos años, diferentes sitios de santería y centros espirituales en busca de paz y prosperidad y luego procurando una sanidad para mi cuerpo, y llegué a involucrarme tanto en este mundo, que estuve a un paso de iniciarme como palero (palo monte), una religión que proviene del continente Africano muy popular en Cuba; a mis 38 años de edad, conocía bastante de este mundo espiritual, pero ni una sola palabra de Dios; para este tiempo un amigo, quien había sido mi mentor (El Padrino), me había comentado que debía escribir y guardar para luego descifrar cualquier mensaje espiritual y así lo hice, llevaba varios días escribiendo mensajes por la madrugada que al parecer eran oraciones en forma de cánticos, lo que nosotros en ese campo llamábamos trasmisiones para invocar espíritus, pero como dice la Biblia: Dios nunca llega tarde.

"El primer encuentro"

No todos los primeros encuentros con Dios son iguales, Él actúa de manera diferente con cada persona, aunque su propósito sigue siendo el mismo, buscarte, protegerte, atraerte, redimirte, salvarte y bendecirte, para que luego tu vida también sirva para bendecir a otros; pero si al menos ya sientes que te protege o te bendice, no te detengas, búscale hasta que le conozcas, no te conformes con lo bueno, porque hay más y es maravilloso.

Para el mes de febrero de ese mismo año, y en una madrugada tranquila, alguien de una dimensión diferente, que para mi entender en ese tiempo ya comenzaba a ser normal, me susurró unas palabras que al momento me despertaron, pero éstas eran bien diferentes a lo que yo estaba acostumbrado a escuchar, las cuales me dejaron un poco preocupado, porque yo sentía que eran para mí pero no entendía su significado, y las mismas se escucharon así:

Rev. "No sientas pena cuando grandes lágrimas tengas en los ojos que brotan del alma"

Pasé varios días pensando en estas palabras pero en mi lógica humana no podía entender su significado, y entonces recibí otras, que me preocuparon aún más.

Rev. "No juzgues con ligereza, producirías heridas en el corazón de un hermano y no quedará impune porque la justicia de Dios es grande"

Luego recibí otras, sobre el "Afán y los deseos Ostentosos", y cada día entendía menos, parecían venir de un "espíritu" diferente, como si fuera una clase de ética y moral, o que mi conciencia se estaba renovando y había decidido darme clases nocturnas, pero el hecho es que yo permanecía sin entender y además pasaba largas horas sin dormir.

Pasaron varios días y yo leía estas palabras varias veces tratando de encontrar una respuesta en mi libreta de anotaciones, pero seguía sin resultados, solo lo había comentado con mi esposa y a ella le pareció interesante, pero lo extraordinario aún estaba por suceder, ni siquiera podía yo imaginarme que el creador del Cielo y la Tierra me había programado una cita divina con Él, para este tiempo, mi mente estaba llena de preguntas sin respuestas, y mi ignorancia superaba todas las expectativas.

Unos días después mi amigo y vecino Leonar, quien sabía que yo no me encontraba bien de salud, me comentó sobre una joven que supuestamente hacía milagros, para su entender, y que en esos días vendría a nuestra ciudad, esto despertó mi interés y le pedí que me informara como llegar hasta ella, resulta que una de las iglesias cristianas de la zona donde yo vivía cuyo nombre es "El Shaddai", había organizado una campaña y no era necesario tener una cita previa, sin yo saberlo ya el Señor lo había coordinado por mí.

Tal como le sucedió a Saulo de Tarso, quien había creído que conocía a Dios, sin embargo había perseguido y maltratado a los primeros cristianos, hasta que tuvo su encuentro personal con Jesús.

"Pero aconteció que yendo yo, al llegar cerca de Damasco, como a mediodía, de repente me rodeó mucha luz del cielo; y caí al suelo, y oí una voz que me decía: Saulo, Saulo, ¿por qué me persigues? Yo entonces respondí: ¿Quién eres, Señor? Y me dijo: Yo soy Jesús de Nazaret, a quien tú persigues". (Hechos 22:6-8)

Así como Saulo de Tarso había tenido su primer encuentro con Jesús, luego de aquellas palabras me encontraba yo cerca de tener una tremenda experiencia también.

Era Marzo del año 2011 y por primera vez, mi esposa, mi hija de 19 años, mi hijo de 6 años y yo estábamos haciendo la primera entrada en una Iglesia cristiana, "Gloria a Dios" nuestra primera experiencia fue sobrenatural, al entrar comencé a sentir algo que arropaba mi cuerpo, lo cual era nuevo y extraño para mí, y enseguida pude percibir que un poder el cual yo nunca había conocido se estaba moviendo en aquel lugar, la adoración parecía celestial y la canción aleluya parecía haberse ligado a mi espíritu, la joven que estaba en el podio, quien después supe que era evangelista, hablaba con autoridad y su voz era firme, realmente ese día comencé a sentir que un vacío dentro de mí comenzaba a llenarse sin límites, las personas caían al piso sin que nadie las tocara, habían sanidades y milagros, era la obra de ese poder el cual por mucho tiempo, mi familia y yo habíamos ignorado, enseguida tuve curiosidad sobre lo que ellos sentían y mi deseo era experimentar lo mismo, por el contrario mi hija se había puesto caliente como con fiebre, por lo que nos preocupamos mucho pero en un rato ya ella se había mejorado.

Lo que me pareció medio raro era que después de yo haber creído y practicado la santería y el espiritismo cerca de veinte años, yo me encontraba a gusto dentro de una Iglesia cristiana, y en realidad puedo decir que me sentía como perdido en un lugar agradable.

"Confesión y propósito"

"Si confesares con tu boca que Jesús es el Señor, y creyeres en tu corazón que Dios le levantó de los muertos, serás salvo. Porque con el corazón se cree para justicia, pero con la boca se confiesa para salvación". (Romanos 10:9-10)

Al parecer el propósito de Dios esperaba por nuestra confesión, y en un punto de la predicación la evangelista preguntó si alguien quería aceptar a Cristo en su corazón, a nosotros nos pareció bien, mi familia y yo sin tener pleno conocimiento de cómo funcionaban las cosas, levantamos las manos e hicimos la oración de Fe para aceptar a Cristo como nuestro salvador, y sin saber, ya estábamos involucrados en una gran travesía.

La mayoría de los presentes en la Iglesia hacían lo mismo, que por cierto allí habían mas de mil personas, las horas pasaban como minutos y yo seguía esperando un milagro, la Iglesia estaba bien llena y yo añoraba ese toque sobrenatural, pero al parecer el Espíritu Santo solo me arropaba, el culto estaba terminando, era bien tarde en la noche y nos marchamos a casa, estábamos asombrados por las cosas que vimos y con deseos de volver al día siguiente, sabíamos que la campaña debía durar entre cinco o seis días más.

"Una voz audible"

Al terminar el primer día de la campaña, llegamos a casa pasadas las doce de la noche, tomamos un baño y fuimos a la cama, entonces cuando ya me disponía a alcanzar mi esperado sueño, la voz que había estado susurrando en mi oído en días anteriores, estaba regresando, pero esta vez era diferente, se escuchaba tan fuerte como si alguien estuviera realmente dentro de mi habitación, sólo que no se hacía visible y me decía, tal como se describe en la Biblia: "Solo Cristo salva"

"Y en ningún otro hay salvación; porque no hay otro nombre bajo el cielo, dado a los hombres, en que podamos ser salvos". (Hechos 4:12)

Esta verdad, que en aquel momento yo desconocía, me estaba siendo anunciada por alguien que hablaba pero yo no alcanzaba a ver, en verdad yo no sentía temor, pero la voz se repetía una y otra vez durante toda la noche, y me decía: "Solo Cristo salva", al parecer el mensaje de Cristo se hacía presente en mi habitación enviado directamente desde las manos del Dios eterno, y después de una larga noche sin dormir, estaba yo ansioso por hablar con alguien de la Iglesia sobre lo acontecido, porque hasta ese momento yo solo había compartido con mi esposa todas mis experiencias.

Era el segundo día de la campaña y nosotros estábamos listos para nuevas experiencias, ansiosos por saber un poco más de todo lo que estaba ocurriendo, todo era totalmente nuevo y desconocido para nosotros, ni siquiera teníamos una Biblia y tampoco alguien cercano a quien preguntarle, pero al llegar a la Iglesia, mientras la campaña avanzaba, un hermano que estaba de servicio, nos presentó a uno de los líderes, a quien llamaban Rafa y entonces conversamos respecto a lo que nos venía sucediendo, el cual nos dijo: "Es evidente que Dios está en el asunto y hay un propósito para ustedes", la Iglesia estaba llena hasta el segundo nivel y además habían personas en el patio y en las calles, el mover de Dios se podía percibir por todos lados y nosotros estábamos a la expectativa de todo y esperando nuestro milagro, las horas pasaban rápido, sanidades, milagros y liberaciones eran el plato fuerte de cada noche, el amor, la misericordia y el poder de Dios se hacían visibles.

Había llegado nuevamente el momento de aceptar a Cristo (la oración de Fe) y nosotros por desconocimiento hicimos nuevamente la misma, nadie nos había comentado que una vez era suficiente y como habían tantas personas en esta campaña, pues era difícil que pudieran los servidores llevar este control, cada día llegaban más personas y la gloria de Dios se expandía por todo el lugar, hasta el punto, que otras personas que estaban en las calles, al frente y en los laterales de la Iglesia, que no podían entrar a la misma porque estaba llena de tanto personal, allí en las calles también recibieron su milagro, me ponía a pensar: como los que estaban fuera de la Iglesia eran tocados y sanados mientras yo seguía igual? y sin entender, se terminaba el segundo día y aún yo esperaba en Él, y tarde en la noche, cansado, y un poco decepcionado, regresamos nuevamente a casa.

Era el tercer día de la campaña y mi Fe estaba por el piso, tanto así que no tuve deseos de ir a la Iglesia, al parecer el enemigo de las almas estaba haciendo fuerzas para evitar que ocurriera algo que era inevitable, me sentía frustrado y desanimado a seguir, mi esposa estaba dispuesta a continuar y fue sola en el servicio de la mañana, yo no entendía el porqué Dios estaba deteniendo mi sanidad, quizás mi Fe no era suficiente, pensaba yo, pero lo cierto es que Dios tenía demasiadas razones para obrar así, yo era necio, ignorante de los principios bíblicos y desconocía cuanto Dios aborrece la idolatría, Él sabía que cada día antes de salir de casa yo le comentaba a mi esposa "Aunque yo reciba la sanidad yo no pienso apartarme de los santos (ídolos)" era como yo le conocía en ese tiempo. Ahora que conozco la Biblia se me hace fácil la respuesta para la negación de Dios, mi vida estaba demasiado comprometida en la práctica de la idolatría, y en verdad, yo sentía cierto temor de una reacción en contra de mi familia por parte de los espíritus que se ocultan detrás de los ídolos y aunque hay quienes no lo creen, ellos también son reales, y esto fue exactamente lo que sucedió después.

Regresamos a la campaña en el cuarto y el quinto día y transcurrieron igual a los días anteriores, muchas personas fueron sanadas, liberadas y salvadas en estos cinco días, y nosotros hicimos la oración de Fe dos veces más, como de costumbre.

Ya casi terminaba el quinto día de la campaña, mi fe y esperanza estaban llegando al límite de lo que se espera, yo sabía que solo quedaban pocos minutos para finalizar, muchas personas ya se estaban marchando y desde mi interior clamaba por ese milagro, sentía que una gran oportunidad se escapaba de mis manos y mi Fe estaba siendo sacudida hasta el límite, de pronto la evangelista hizo una pausa y dijo que la campaña se extendía un día más porque todavía habían muchas almas que debían ser salvadas, literalmente volví a respirar, sentía que debía llegar hasta el final, era obvio que Dios me regalaba un día más, otra oportunidad, un pequeño rayo de luz para el tan esperado milagro.

Era un Domingo por la mañana y comenzaba el sexto día de la campaña, yo estaba un poco ansioso, sabía que tenía que pelear por ese milagro hasta el final, pero no tenía ni idea de cómo hacerlo, mis sentidos espirituales no alcanzaban a comprender lo delicado del asunto, y ¿Qué podía hacer yo, tan pecador e insignificante para tocar el corazón de Dios?

La respuesta estaba frente a mi pero yo no quería verla, el culto avanzaba y mi tiempo se agotaba, mi corazón latía al compás de mi reloj, estaba en un conteo regresivo sin tener ningún recurso en mi mente, entonces una vez más hicimos la oración de Fe, hasta este día había yo aceptado a Cristo como salvador unas cinco veces, y era evidente que en mi caso faltaba algo más, ¿pero qué?

Yo solo trataba de buscar una excusa en mi mente para no aceptar, que la idolatría y la falta de arrepentimiento eran la causa verdadera de la negación de Dios, había una batalla real en mi mente "hombre necio" debe haber sido el pensamiento de Dios, ¿pero acaso puede alguien pensar que es fácil engañar a Dios? ahora entiendo que mientras yo hacía la oración de Fe con mis labios, Dios estaba mirando justo dentro mi corazón.

"El mejor milagro"

"Os digo que así habrá más gozo en el cielo por un pecador que se arrepiente, que por noventa y nueve justos que no necesitan de arrepentimiento". (Lucas 15:7)

Es difícil olvidar un momento como ese, todo aquel que haya tenido su encuentro personal con Dios puede describir la grandeza de su poder, las palabras no alcanzan; ese día las circunstancias se ajustaron al plan de Dios, así como Jesús dijo al ciego Bartimeo

¿Qué quieres que te haga?, así también pero con otras palabras la evangelista dijo a la multitud en aquella mañana: "Levanten una mano al cielo y pongan la otra en su corazón y pídanle a Dios lo que ustedes han venido a buscar, porque el Señor que todo lo sabe, escudriña la mente y el corazón"

Mi condición era similar a la de Bartimeo, ciego espiritualmente me encontraba clamando a Jesús por un milagro, cerré los ojos, levanté mi mano derecha y la otra la puse en mi corazón, mi oración era sencilla pero estaba lejos de mis pensamientos anteriores, en pocos segundos y sin saber porqué, yo había desechado toda posibilidad de recibir la sanidad que tanto había esperado, y solo clamé a Jesús, esta vez, con el corazón.

"Una oración"

Esta fue mi oración: "Señor Jesús si realmente tu escudriñas la mente y el corazón de una persona, mira en el mío, yo no quiero que me sanes, ayúdame a salir de la idolatría"

Una pequeña oración, fácil y no planificada, hizo mover la mano de Dios, simples palabras puestas en mi mente y en mi corazón con un propósito eterno, dirigidas sutilmente por el Espíritu Santo, quien conoce el corazón de Dios y nos enseña a pedir como conviene. "Pedís, y no recibís, porque pedís mal, para gastar en vuestros deleites". (Santiago 4:3)

Después de esta oración y antes que pasaran cinco minutos vino sobre mí una presencia sobrenatural, mi mano comenzó a temblar sola, mi cuerpo estaba siendo empujado hacia abajo, había un enorme peso sobre mis hombros, entonces caí sobre mis rodillas, yo escuchaba todo a mi alrededor pero no atinaba ni abrir los ojos, no había forma de negarlo, lo podía sentir en el cuerpo y en mi interior, era obvio que Dios estaba haciendo su obra; al instante habían dos servidores detrás de mí, los cuales trataron de levantarme pero mis rodillas parecían estar fijas al piso, escuché a mi esposa decir: "déjenlo porque Dios está tratando con él",entonces el peso que estaba sobre mí continuaba empujando mi cuerpo hasta que mi frente tocaba con el piso, y una vez más sin saber lo que estaba sucediendo, solo dije: "Señor perdóname" en este momento todas las fuerzas me dejaron, y allí me encontraba yo tendido en el piso y rendido a los pies de Dios, entonces el milagro más grande de la vida se hacía realidad delante de mis ojos, "La salvación"

Había llegado yo a la Iglesia por causa de una enfermedad, buscando la sanidad de mi cuerpo, sin embargo me encontré con el verdadero Dios eterno, creador de todo lo que existe. "el Autor de la Vida"

"Y si el Espíritu de aquel que levantó de los muertos a Jesús mora en vosotros, el que levantó de los muertos a Cristo Jesús vivificará también vuestros cuerpos mortales por su Espíritu que mora en vosotros". (Romanos 8:11)

Jesús dijo: "Si alguno quiere venir en pos de mí, niéguese a sí mismo, y tome su cruz, y sígame. Porque todo el que quiera salvar su vida, la perderá; y todo el que pierda su vida por causa de mí y del evangelio, la salvará. Porque ¿qué aprovechará al hombre si ganare todo el mundo, y perdiere su alma?. (Marcos 8:34 - 36)

Rev: "Dios dice: Atrévete a buscarme y verás la gloria delante de ti"

"La gloria es para el único Dios verdadero y el testimonio es para edificar la Fe de los que creen"

Capitulo 2

Liberados

"Porque le decía: Sal de este hombre, espíritu inmundo. Y le preguntó: ¿Cómo te llamas? Y respondió diciendo: Legión me llamo; porque somos muchos". (Marcos 5:8-9)

Aunque a veces no entendemos el plan de Dios para nosotros, es evidente que su voluntad es librarnos del pecado y la muerte, ahora conforme ha pasado el tiempo puedo entender que no hay nada más importante para Dios que la salvación, y en mi caso era poco probable que pudiera recibir la sanidad cuando Dios sabía que mi mayor necesidad era la salvación, porque la peor enfermedad de un ser humano no es la del cuerpo sino la que se apodera y enferma el alma, hoy puedo entender que su mano se mueve sobre nuestras vidas y el mejor milagro sucede cuando pedimos conforme a la voluntad de Dios.

"Porque ¿quién de los hombres sabe las cosas del hombre, sino el espíritu del hombre que está en él? Así tampoco nadie conoció las cosas de Dios, sino el Espíritu de Dios". (1 Corintios 2:11)

Acostado en el piso, sin fuerzas pero pidiendo perdón a Dios me encontraba yo en el final de la campaña, alcanzado por su misericordia y su poder, siendo limpiado del pecado, liberado de las ataduras del maligno, después de haber vivido toda mi vida de espaldas al único y verdadero Dios, estaba yo siendo rescatado por su amor, una razón suficiente para seguir sus huellas hasta que la misma vida complete su vuelta.

"Su Poder"

Desde allí mi cuerpo fue levantado por los servidores y llevado al frente, en la parte baja del altar, entonces comenzaba a manifestarse mi primera liberación, comencé a sentir que algo anormal hacía fuerzas dentro de mí, como si el cuerpo estuviera siendo sacudido por una fuerza mayor, mi esposa estaba cerca de mí y atenta, observando cada detalle, ella podía ver lo mismo que yo sentía en ese momento, mi cuello cambiaba de color y se abultaba, mientras mi cuerpo era retorcido, entonces el pastor y la evangelista se acercaron a mí y poniendo sus manos sobre mí comenzaron a orar en voz alta y a declarar liberación, en el nombre de Jesús, esta lucha solo duró por unos minutos pero al final la victoria fue de Cristo.

Es difícil describir todo lo que se siente en este momento pero todo el mundo a mi alrededor eran testigos de lo que sucede al momento de una liberación, mi cuerpo se puso tenso, mi cara parecía que iba a explotar, mi boca se abrió hasta el límite y entonces algo salió de mi interior llevándose todas mis fuerzas, parecía de ficción pero los espíritus son tan reales como nuestra propia vida, así lo describe la Biblia:

"Y cuando Jesús vio que la multitud se agolpaba, reprendió al espíritu inmundo, diciéndole: Espíritu mudo y sordo, yo te mando, sal de él, y no entres más en él. Entonces el espíritu, clamando y sacudiéndole con violencia, salió; y él quedó como muerto, de modo que muchos decían: Está muerto". (Marcos 9:25-26)

Estuve cerca de diez minutos más en el piso, luego quise levantarme, me sentía con pocas fuerzas y un poco atontado, el Pastor me ayudó a levantarme y me preguntó, que razón me había llevado a la Iglesia, entonces le dije: yo vine en busca de una sanidad pero tengo un altar (ídolos) en mi casa que quiero entregar, entonces me dijo: pues tráelo y no tengas pena porque yo fui santero y ahora soy Pastor, sus palabras me ayudaron mucho, sentía que al menos alguien me podía entender y ayudar, en realidad luego descubrí que había un gran equipo de líderes y todos estaban bien preparados.

"Nuevas fuerzas"

"Él da esfuerzo al cansado, y multiplica las fuerzas al que no tiene ningunas" (Isaías 40:29)

El culto de la mañana se terminaba y fuimos a casa para volver en la tarde, todavía yo estaba con pocas fuerzas, me acosté en mi cama y me sentía como si la presión arterial de mi cuerpo estuviera en cero, en verdad no me sentía nada bien pero tenía que hacer un esfuerzo para recoger todos los ídolos, todas las imágenes que me habían rodeado por tantos años, que por cierto eran bastante, comencé a pedir fuerzas a Dios en mi mente, sabía que tenía que imponerme a la situación pero de pronto sentí fuerzas para pegar un salto y de inmediato me puse sobre mis pies, rápido nos pusimos a recoger todo, mi esposa y yo, pero como si fuera una casualidad mi suegro había ido a visitarnos, y al instante llegó mi cuñado algo asustado y comienza a contarnos que, estando él en su casa, que por cierto era bastante lejos de la nuestra, él sintió una rara sensación de que algo estaba sucediendo y que tenía que ver con su hermana o sea mi esposa, agarró su bicicleta y se puso en marcha hacia nuestra casa, lo extraño está en que nosotros mayormente acostumbrábamos visitarlos a ellos pues se nos hacía más fácil y ese día sucedió todo lo contrario y en realidad algo estaba sucediendo pero no era con mi esposa, sino conmigo, entonces le contamos brevemente y le pedimos que se quedaran para ayudarnos, enseguida comprendí que ellos estaban allí enviados por Dios para ayudarnos, y de verdad que lo necesitábamos.

Un rato después salimos para la Iglesia y un amigo de mi suegro nos alcanzó en su auto, lo cual fue de gran ayuda para transportar una caja grande de cartón y un saco con los ídolos, esa noche llegamos más temprano para la campaña y los servidores se hicieron cargo de recibir los ídolos que luego serían echados al fuego, yo me sentía un poco nervioso, todo era nuevo para mí, además, no faltaban los comentarios supersticiosos de algunos vecinos.

En realidad yo sentía un poco de alegría y temor al mismo tiempo y una rara sensación de vergüenza por causa de los ídolos, entonces comencé a pedir a Dios, "No permitas que yo quede en vergüenza" y al instante había una voz en mi mente que decía: "Pues entonces testifica"

Solo estas dos frases se repetían en mi mente sin parar, me sentía confundido y no sabía que decir para testificar, pero al parecer era mi única salida, la situación era que cada persona que entregaba sus ídolos al comenzar el culto lo llamaban al frente para orar por él o (ella) y por su familia y yo tenía que testificar delante de más de mil personas sin saber cómo hacerlo, un rato después me tocaba a mi pasar al frente, le pedí al Pastor que me dejara testificar y al tomar el micrófono las palabras venían solas a mi mente como si yo lo hubiera planificado, las cuales fueron acogidas por los presentes, fue tremendo y en realidad yo salí de allí fortalecido, pero ni siquiera me imaginaba lo que estaba por acontecer.

"Nuestra lucha"

"Vestíos de toda la armadura de Dios, para que podáis estar firmes contra las asechanzas del diablo". (Efesios 6:11)

Como era de esperarse Satanás el enemigo de las almas, no se quedaría con los brazos cruzados, y al parecer tenía prisa en arrebatarme la victoria que Jesús había puesto en mis manos.

Esa noche fuimos a casa bien tarde en la noche como de costumbre por la campaña, estábamos un poco cansados, tomamos un baño y fuimos directo a la cama, ya estábamos deseosos por dormir y descansar, sin sospechar la inesperada sorpresa que nos aguardaba, mi esposa y yo nos quedamos dormidos al instante, pero sería como alrededor de las tres de la madrugada cuando mi hija despertó a gritos, literalmente estaba en estado de pánico y no paraba de llorar, yo al sentir que algo pasaba me tiré al instante de la cama, y ella solo repetía que aún estando despierta sentía que algo estaba encima de ella que trataba de abrir su boca y que le apretaba la cara, en ese momento hasta yo tenía deseos de llorar, en medio de la noche "solos" sin saber que hacer o a quien llamar, ni siquiera sabíamos como orar, estábamos en medio de una situación desesperante y sin ningún recurso, todo lo que yo había aprendido hasta ese momento ya no tenía sentido y además sabía que no podía volver atrás.

Entonces mi esposa comenzó a clamar a Dios como pudo y yo le seguía, repitiendo lo mismo varias veces hasta que alrededor de media hora después nuestra hija había parado de llorar, luego nos acostamos todos en la misma cama y nos tapamos hasta los ojos, en ese momento supe que la guerra espiritual no era una broma, y estábamos viendo delante de nuestros ojos un ataque demoníaco de verdad.

"Porque no tenemos lucha contra sangre y carne, sino contra principados, contra potestades, contra los gobernadores de las tinieblas de este siglo, contra huestes espirituales de maldad en las regiones celestes". (Efesios 6:12)

Empezaba nuestro primer día luego de haber entregado los ídolos y corrimos a la Iglesia en busca de ayuda, y la campaña se había extendido un día más, allí oraron por nosotros, nos aconsejaron leer la Biblia en el libro de los salmos, y nos enseñaron cómo podíamos orar en el nombre de Jesús.

Nuestra lucha contra el Reino de las tinieblas aún estaba por comenzar, la noche anterior solo había sido un avance de lo que estaba por suceder, el enemigo vino con todo sobre mí y entonces la opresión se intensificó, el nivel de estrés se puso al límite, tanto que yo sentía como si me estuviera quemando, y muchas voces hablaban en mi mente al mismo tiempo, provenientes de espíritus que me atormentaban y hasta tuve pensamientos de suicidio, mi hija estaba muy alterada, la verdad era que la situación estaba bien fea, y nosotros nos dimos a la tarea de sacar de la casa todo lo que pudiera ser una puerta abierta para los demonios, quemamos y botamos todo lo que había sido utilizado para la idolatría, recuerdo que alguien nos había dicho: "No dejen de los ídolos ni un clavo", había sido otro día intenso de nuestra jornada, donde lejos de descansar, pasé toda la noche despierto y tratando de repetir una oración que de cierta manera me llegaba a la mente, pero la opresión era constante, evidenciando que todavía había mucho por hacer.

"Dios quita el velo"

"Pero cuando se conviertan al Señor, el velo se quitará. Porque el Señor es el Espíritu; y donde está el Espíritu del Señor, allí hay libertad". (2 Corintios 3:16-17)

Hemos visto en muchas áreas de nuestras vidas y en otros hermanos lo que ocurre cuando Dios quita el velo, pero esta experiencia en particular merece ser considerada, era el amanecer del segundo día y comencé a escuchar nuevamente la misma voz que me había estado hablando con el interés de ayudarme, entonces ya era evidente para mí que sólo podía venir de Dios, podía ser un Ángel o el Espíritu Santo, pero era obvio que su único interés era guiarme y ayudarme a salir de la pésima condición en la que yo me encontraba, su voz se repetía en mi mente, y solo me decía: "Busca las fotos"

De inmediato busqué una bolsa con muchas fotos de la familia que teníamos y comencé a mirar y a romper todas las fotos que tenían imágenes (ídolos) hasta llegar a ver una cuya imagen hizo que mi piel se erizara desde la cabeza hasta los pies, era obvio que Dios me había guiado hasta ella, era la primera vez que yo veía algo similar, nunca me imaginé que los demonios pudieran verse en las fotos, la foto era de mi hermana con otros familiares, pero encima de mi papá había lo que parecía una nube de humo oscuro con la imagen de un demonio con cuernos grandes inclinados hacia abajo, lo más interesante de esto es que esa misma foto me había sido enviada cerca de dos años atrás por mi hermana, quien vivía en el extranjero, para que yo investigara sobre esta sombra oscura, pero hasta ese momento nadie había visto la imagen del demonio.

Varias personas habían visto la foto y nadie había alcanzado a ver dicha imagen, y como en ese tiempo yo conocía varios brujos y santeros, entonces la llevé con uno que era entendido en este asunto pero al parecer tampoco vio nada, o al menos eso me dijo.

Luego de este intento la foto estuvo guardada cerca de dos años, pero ya era tiempo que Dios lo sacara a la luz, le enseñé la foto a una vecina y a mi esposa antes de llevarla con el Pastor, y ellas vieron lo mismo que yo, entonces supe que no eran ideas mías, salí a la carrera para la casa del Pastor y me encontré que la evangelista también se encontraba allí, ellos se llevaron la misma sorpresa y ambos dijeron: ¡Eso es un demonio! Parecía como de ficción pero aún había más por suceder.

Buscaron fósforos para quemar la foto y le prendieron fuego, pero a medida que la foto se quemaba así mismo mi cuerpo se calentaba, le comenté al Pastor y me dijo: ahora vamos a orar por ti, cuando terminaron de quemar la foto ellos vinieron y pusieron sus manos sobre mí y al comenzar la oración, algo dentro de mí, usando mi boca comenzó a reírse y burlarse de ellos con un tono de voz que no era normal, enseguida supe que algo no estaba bien, la oración continuó hasta que el espíritu salió por mi boca, eso fue lo que sentí, mi cuerpo estaba otra vez en el piso y con pocas fuerzas, luego me sentaron en una silla hasta recobrar nuevas fuerzas, era obvio que acababa de recibir una segunda liberación y entonces comenzaba a comprender que el mundo espiritual es más complejo y real de lo que la mayoría de nosotros creemos, pero esta era la evidencia que la transformación de Dios en mi vida ya estaba siendo visible, literalmente mi cuerpo, alma y espíritu estaban sufriendo cambios, siendo llevado por Dios intencionalmente, "Desde la oscuridad hacia la luz"

"Sabemos que somos de Dios, y el mundo entero está bajo el maligno. Pero sabemos que el Hijo de Dios ha venido, y nos ha dado entendimiento para conocer al que es verdadero; y estamos en el verdadero, en su Hijo Jesucristo. Éste es el verdadero Dios, y la vida eterna. Hijitos, guardaos de los ídolos. Amén". (1 Juan 5:19-21)

La opresión continuó durante la tarde y la noche del segundo día, era evidente que el reino del maligno no estaba dispuesto a ceder su territorio, la madrugada había sido similar a las anteriores, toda la noche tratando de repetir una oración en mi mente que al parecer ya era parte de mi vida nocturna, al amanecer mi esposa puso un disco de música cristiana que le habían prestado, el ambiente dentro de la casa comenzó a mejorar, pero aunque mi cuerpo se refrescaba mientras sonaban las adoraciones, mi mente continuaba en una constante batalla de muchas voces, era obvio que todavía yo estaba bajo una tremenda opresión, entonces cerca de las 10:00 am estaban llegando a nuestra casa tres líderes de la Iglesia que el Pastor había enviado para ungir la casa con aceite y orar por toda la familia nuevamente.

Por un momento, aparentemente las cosas se veían tranquilas mientras oraban por mi familia hasta que llegaron a mí, cuando Rafa, uno de los líderes, puso su mano en mi pecho y comenzó a orar parecía que me había golpeado con el pie, mi cuerpo salió disparado hacia atrás y al caer al piso, me arrastraba con los codos hasta llegar al sitio donde había estado ubicado el altar de los ídolos, entonces el líder clamaba en voz alta ¡Suelta su cuerpo en el nombre de Jesús, porque ya no te pertenece Satanás!, y esta lucha duró así unos pocos minutos más, hasta que por fin estaba recibiendo mi tercera liberación.

Era ya el tercer día de esta guerra espiritual contra el reino de las tinieblas y en la tarde luego de esta liberación no me fue mucho mejor, mis fuerzas estaban bajando y solo me restaba quedarme en mi habitación, clamando en mi poco conocimiento por su misericordia, entonces la lucha se puso intensa, sólo con la ayuda de Dios y el apoyo de mi esposa me encontraba en medio de una batalla, que al parecer, iba de mal en peor, literalmente estaba en las manos de Dios y a medida que yo oraba en esa habitación, otros demonios seguían saliendo por mi boca, yo podía sentir como algunos salían gritando, otros riendo, otros retorciendo mi cuerpo y esto parecía no tener fin, mi esposa estaba al tanto de todo y a cada rato entraba a la habitación, oraba y declaraba en el nombre de Jesús, su Fe y su apoyo me dejaban saber que al menos Dios y ella estaban conmigo en esta situación.

Por la noche y en la madrugada continuaba la opresión pero también la oración, yo repetía lo que el Espíritu Santo me recordaba, sabía que el Señor estaba conmigo, de lo contrario esto no habría sido posible, era evidente que el poder de Cristo, quien ya moraba en mi corazón, estaba limpiando su casa, "El templo de Dios"

¿No sabéis que sois templo de Dios, y que el Espíritu de Dios mora en vosotros? (1 Corintios 3:16)

"Para que habite Cristo por la fe en vuestros corazones, a fin de que, arraigados y cimentados en amor, seáis plenamente capaces de comprender con todos los santos cuál sea la anchura, la longitud, la profundidad y la altura, y de conocer el amor de Cristo, que excede a todo conocimiento, para que seáis llenos de toda la plenitud de Dios". (Efesios 3:17-19)

La batalla continuó de la misma manera en el cuarto día, tenia algunos periodos de descanso pero aún seguía orando y sin dormir, ya en la madrugada del quinto día mis fuerzas estaban agotadas al límite, llevaba cerca de cinco días en una lucha espiritual intensa, solo salía de mi habitación a comer algo y hacer lo necesario, me encontraba orando sin cesar como dice el apóstol Pablo, y hasta llegué a recordar la oración que hizo Jesús cuando estaba en la cruz del calvario, "Padre en tus manos encomiendo mi espíritu"

Yo recordaba esta oración de la película "La pasión de Cristo" literalmente pensé que estaba en las últimas, me encontraba de rodillas a los pies de la cama, y entonces el sueño y el cansancio me vencieron, me quedé dormido con la mitad del cuerpo encima de la cama, no puedo decir por cuanto tiempo, solo puedo decir que me despertó nuevamente la voz del Señor, quien al levantar con su mano mi cabeza de la cama, me decía "Repite conmigo", y en ese momento me enseñaba y daba fuerzas para seguir orando, entonces supe que Él no me había abandonado y que tampoco era mi fin.

"Nuestro redentor vive"

"Yo sé que mi Redentor vive, Y al fin se levantará sobre el polvo". (Job 19:25)

Era el quinto día y la lucha espiritual había continuado todo el tiempo, y en horas de la tarde todavía se podía sentir una fuerte opresión, yo continuaba orando pero mi deseo era que todo terminara, me sentía cansado y me parecía que estaba viviendo una gran pesadilla que no tenia fin, entonces el poder de Dios vino sobre mí una vez más, y mientras me revolcaba en la cama todavía luchando, pude sentir que estando acostado boca arriba, mis dos brazos comenzaron a ser estirados hacia afuera a la altura de los hombros y mis piernas eran estiradas hacia abajo, yo sentía que su fuerza estiraba mis extremidades al límite y no podía soltarme, pero sin darme cuenta había sido puesto en forma de cruz, y entonces una vez más su voz me decía:

"En una cruz fue mi muerte por los pecados del mundo y en esa cruz tú vas a ser redimido"

Ni siquiera yo sabía el significado de la palabra redimido, pero al instante me había puesto tenso y algo dentro de mi nuevamente comenzaba a mostrar sus fuerzas, mi cuerpo fue inclinado hacia delante, casi hasta quedar sentado y abrí la boca hasta el límite, pero mis manos no se movieron, tal como si estuvieran fijas a la cama y entonces sin saber estaba yo expulsando el último demonio, mi esposa se asustó tanto que salió corriendo a buscar una vecina que era cristiana, unos minutos después la hermana vino con su Biblia, yo me encontraba en la misma posición pero tranquilo, se paró al lado de mi cama, hizo una pequeña oración sin acercarse mucho y solo dijo: "No se preocupen el Señor está con él porque yo siento su presencia" y luego se marchó.

Con pocas fuerzas y acostado en la misma posición estuve cerca de treinta minutos más, como evidencia y una representación de que había sido puesto en la cruz juntamente con Él, Jesús me había comprado con el precio de su sangre y además había comenzado la obra de matar al viejo hombre que había en mi, era obvio que el mismo Jesús me había visitado en esa habitación, y aunque no vimos su imagen era evidente su presencia, sus palabras y su poder, entonces luego de esto la opresión había cesado, y se podía sentir la calma luego de una gran tormenta.

"Porque si fuimos plantados juntamente con él en la semejanza de su muerte, así también lo seremos en la de su resurrección; sabiendo esto, que nuestro viejo hombre fue crucificado juntamente con él, para que el cuerpo del pecado sea destruido, a fin de que no sirvamos más al pecado". (Romanos 6:5-6)

"El fuego de Dios"

"Yo a la verdad os bautizo en agua para arrepentimiento; pero el que viene tras mí, cuyo calzado yo no soy digno de llevar, es más poderoso que yo; él os bautizará en Espíritu Santo y fuego". (Mateo 3:11)

En la mañana del sexto día sin yo esperarlo su voz me volvió a despertar y claramente me decía: "Pide el bautismo en el fuego del Espíritu Santo"

En ese momento yo no sabía que significaba dicho Bautismo, era la primera vez que yo escuchaba acerca de esto, pero sin preguntar nada me puse en acción, eso escuché y eso pedí, sabía que era la voz de Dios y que algo bueno estaba por acontecer.

En la noche fuimos a la iglesia, y para sorpresa nuestra había un grupo de evangelistas que habían llegado desde los Estados Unidos, el culto comenzaba y lo que menos yo esperaba estaba por suceder, cuando el servicio estaba en su mejor momento, ellos comenzaron a llamar a las personas al frente, yo estaba quieto en mi lugar pero Rafa, el líder que nos había ayudado tanto, me dice: "deberías pasar al frente porque tu lo necesitas" pues entonces caminé hacia el frente cerré los ojos y levanté las manos, entonces su poder estaba nuevamente sobre mi hasta que mis rodillas y mi frente tocaban nuevamente con el piso, yo no sabía que estaba sucediendo en realidad, solo puedo decir que mi cuerpo se estremecía y un pensamiento se imponía en mi mente, y comenzaba a repetir palabras que para mí no tenían ningún significado.

En realidad yo me sentía extraño y algo confundido, la adoración podía ocultar cualquier sonido dentro del templo mientras yo solo repetía lo que estaba llegando a mi mente y que sin yo planificarlo, estas palabras salían solas desde mi boca, luego nos fuimos a la casa, sin hablar del asunto con nadie y esa noche dormimos bien, la noche se veía tan tranquila que hasta me parecía raro.

Al otro día volvimos al culto, el Pastor predicaba esa noche, pero me encontraba yo tan cansado y mi mente tan agotada que ni siquiera podía retener lo que se predicaba, estaba casi dormido con deseos de irme a casa pero gracias a Dios estuve hasta el final, ya habían hecho la oración de despedida y algunos hermanos hasta se habían retirado del templo, cuando de repente el poder de Dios vino sobre mí otra vez pero con algo nuevo, mi cabeza se movía fuertemente de un lado para otro, al mismo tiempo que de mi boca salía un sonido extraño y totalmente nuevo para mí.

Los pastores corrieron hacia mí y decían ¡Es el Espíritu Santo, alaba, alaba! entonces las mismas palabras que habían venido a mi mente el día anterior comenzaron a fluir solas desde mi boca, pero esta vez con una fuerza impresionante.

Hasta este momento yo solo me dejaba guiar porque en realidad no había tenido tiempo para entender todo lo que estaba sucediendo, luego nos fuimos a casa, yo estaba deseoso por descansar, realmente lo necesitaba, pero yo no sabía que el fuego del Espíritu Santo que había sido derramado sobre mi esa noche necesitaba manifestarse de alguna manera, tanto así que estuve toda la noche batiendo mis hombros contra la cama y hablando algo que no entendía, a tal punto que mi esposa tuvo que mudarse para otra cama para poder dormir, yo estaba deseoso porque llegara la mañana y apenas pude me fui corriendo a la Iglesia para hablar con el Pastor, me sentía con nuevas fuerzas, y además tenía tantas preguntas en mi mente, que realmente no estaba dispuesto a esperar ni un minuto más.

Al llegar a la Iglesia tuve la oportunidad de hablar con el Pastor, descargando en segundos todas mis preguntas, quería saber de todo al instante, en realidad tenía en mi mente un paquete de ¿cómo y porqué? entonces el puso su mano sobre mi hombro y solo dijo: tranquilo, ve a casa y lee el libro de los hechos en el capitulo dos y te darás cuenta que estás viviendo algo que está en la Biblia.

Era una realidad y aunque parezca increíble nada menos que dos mil años después yo estaba viviendo lo mismo que estaba escrito en la Biblia, la profecía de Joel (2:28-29) cumplida durante la fiesta del Pentecostés delante de una gran multitud de personas de diferentes lugares y lenguas, evidenciada por todos los presentes y predicada por el apóstol Pedro, ahora se hacía realidad delante de mis ojos.

"Y en los postreros días, dice Dios, Derramaré de mi Espíritu sobre toda carne, Y vuestros hijos y vuestras hijas profetizarán; Vuestros jóvenes verán visiones, Y vuestros ancianos soñarán sueños; Y de cierto sobre mis siervos y sobre mis siervas en aquellos días Derramaré de mi Espíritu, y profetizarán". (Hechos 2:17-18)

"Cuando llegó el día de Pentecostés, estaban todos unánimes juntos. Y de repente vino del cielo un estruendo como de un viento recio que soplaba, el cual llenó toda la casa donde estaban sentados; y se les aparecieron lenguas repartidas, como de fuego, asentándose sobre cada uno de ellos. Y fueron todos llenos del Espíritu Santo, y comenzaron a hablar en otras lenguas, según el Espíritu les daba que hablasen". (Hechos 2:1-4)

Rev: "No dejes que nadie apague la luz
que está sobre tu candelero"

"La gloria es para el único Dios verdadero y el
testimonio para edificar la Fe de los que creen"

Capitulo 3

Tiempos de Refrigerio

"Así que, arrepentíos y convertíos, para que sean borrados vuestros pecados; para que vengan de la presencia del Señor tiempos de refrigerio". (Hechos 3:19)

Mientras yo había estado en una intensa lucha por varios días contra los demonios, siendo limpiado por la misericordia y el poder de Dios, ya mi esposa estaba experimentando un tiempo de refrigerio, resultado de que cada persona recibe un trato personal de parte de Dios, y mientras yo me sentía como entre las llamas del infierno ya ella disfrutaba un gozo y una paz que no sabía cómo explicar, es por eso que el que viene a Cristo una vez justificado y limpiado puede sentir paz mientras que las personas que le rodean sienten que están pasando por una tormenta, de lo cual yo puedo dar testimonio porque luego de ser limpiado y bautizado por el Espíritu Santo, entonces comencé a experimentar lo mismo, se podía sentir la paz y la presencia de Dios de forma sobrenatural en nuestras vidas, claro, nosotros continuamos orando, adorando, y congregándonos como nos habían aconsejado, pues es lógico y además bíblico, y la presencia del Señor se hacía sentir en nuestros cuerpos y dentro de nuestra casa, tanto que había ocasiones donde nuestras manos estaban frías como el hielo y mi esposa decía que sentía como si ella tuviera alguna clase de mentol hasta los codos, se podía percibir cuando al tocar a otros, ellos sentían ese frio que no era normal.

Nuestro apartamento no tenia aire acondicionado, solo un sistema de ventanas que es común en Cuba, el cual permite usar el aire natural, pero comenzamos a darnos cuenta que cuando los vecinos venían a nuestra casa ellos decían que sentían algo diferente, lo cual ellos no sentían en su casa, sin embargo vivíamos en el mismo edificio, ellos decían que se sentía como si hubiera un aire acondicionado suave y que además su piel comenzaba a erizarse, entonces nosotros supimos que era la presencia misma de Dios, porque aparte de nosotros ya varias personas habían experimentado lo mismo, entonces lo que Dios estaba haciendo en nuestras vidas comenzaba a llamar la atención de los vecinos que nos visitaban y decidimos establecer en nuestra casa un punto de reunión, donde todos los días compartíamos testimonios, y orábamos juntos por las noches y cada día se sumaban personas que habían sido impactados y querían experimentar un cambio en sus vidas.

En los primeros días lo hacíamos todos los días, pero luego el Pastor nos aconsejó que debíamos asistir a los cultos de la Iglesia y la casa culto en las noches, entonces entramos en un tiempo donde todos los días durante la semana, dedicábamos un día para cada actividad, congregarnos, aprender, orar por las necesidades de todos y también por los que aún no conocían a Jesús.

Es interesante que comenzamos a sentir que las cosas a las que estábamos acostumbrados antes ya no eran atractivas y cuando estábamos en casa en vez de perder el tiempo, nos reuníamos con los vecinos y a las 8:00 pm se apagaba la televisión, comenzando este tiempo de oración que cada día nos traía nuevas experiencias.

En esta época yo trabajaba desde mi casa y tenía la posibilidad de planificar mi horario, entonces también nos sumamos a un tiempo de ayuno y oración con los hermanos de la casa culto que se hacía todos los miércoles desde las 8:00 am hasta las 12:00 am, y el Señor seguía haciendo cosas nuevas cada día, ya era normal para nosotros que a cualquier hora del día se nos acercara alguien para pedir una oración, era evidente que el señor nos estaba llevando a un nuevo nivel en la oración y una forma de compartir con los demás como nunca antes habíamos experimentado, pronto nuestras reuniones se habían convertido en un nuevo estilo de vida y una forma de bendecir a otros.

"Y perseverando unánimes cada día en el templo, y partiendo el pan en las casas, comían juntos con alegría y sencillez de corazón, alabando a Dios, y teniendo favor con todo el pueblo. Y el Señor añadía cada día a la iglesia los que habían de ser salvos". (Hechos 2:46-47)

"Los Mandamientos"

Como era de esperarse el Señor mantenía sus planes para darse a conocer y manifestar su gloria, al parecer tenía prisa en llevarme a conocer ciertas verdades bíblicas y mostrarme cosas que marcarían mi forma de pensar y de vivir para siempre, entonces comenzó a visitarme una y otra vez en las noches, y pronto vino a mí con otra palabra, (Sinaí)

"Y habló Dios todas estas palabras, diciendo: Yo soy Jehová tu Dios, que te saqué de la tierra de Egipto, de casa de servidumbre. No tendrás dioses ajenos delante de mí. No te harás imagen, ni ninguna semejanza de lo que esté arriba en el cielo, ni abajo en la tierra, ni en las aguas debajo de la tierra. No te inclinarás a ellas, ni las honrarás; porque yo soy Jehová tu Dios, fuerte, celoso, que visito la maldad de los padres sobre los hijos hasta la tercera y cuarta generación de los que me aborrecen, y hago misericordia a millares, a los que me aman y guardan mis mandamientos" (Éxodo 20:1-6) leer (Éxodo 20:1-17)

Era obvio que a unos pocos días después de haber entregado mi vida a Cristo, la palabra (Sinaí) era totalmente nueva para mí, pero el Señor, que todo lo sabe, me estaba mostrando esta palabra por alguna razón, el Pastor me había regalado una Biblia y rápidamente me di a la tarea de buscar el significado de la palabra

Sinaí, entonces mi sorpresa era la prueba del interés de Dios, estaba por primera vez leyendo verdades bíblicas que nunca antes había conocido, al comenzar a leer en el libro de Éxodo capítulo veinte, donde Dios tiene una cita con Moisés para darle a conocer los diez mandamientos en el monte Sinaí, entonces enseguida supe que Dios se estaba presentando como cuando acabas de conocer a alguien, y de veras esto es algo que te conmueve cuando sabes que viene directamente de Él, el Dios eterno y creador del universo se estaba presentando y literalmente me decía: "Yo soy Jehová tu Dios"

Al instante yo podía interpretar claramente lo que Dios me quería dejar saber, en otras palabras el Señor me decía:

"Prestad atención, mi nombre es "Jehová y no quiero que tengas ningún otro dios aparte de mí, porque yo te saqué de la esclavitud en la que te encontrabas, no quiero que tengas ninguna imagen de dioses ajenos y falsos delante de mí, ni tampoco quiero que los honres"

Aunque estos no son los únicos mandamientos de Dios, es evidente que su celo hacia nosotros está reflejado en su palabra, entonces comenzaba a entender cuanto Dios aborrece la idolatría, y este pequeño pero interesante mensaje comenzaba a hacerse eco dentro de mí y era un motivo suficiente para compartir con otros, pero sin más espera solo tres días después el Señor volvió a hablarme: "Ven a mi conforme al espíritu, lava tu cuerpo con la sangre de Cristo y yo te recibiré como a Moisés en el monte Sinaí"

En ese momento era difícil que yo pudiera entender todo lo que encierra esa verdad que me estaba siendo presentada, pero luego pude conocer que la palabra de Dios es clara, luego de su muerte y resurrección, todos los que venimos arrepentidos, aceptamos y caminamos con Cristo, conforme a su voluntad tal como dice su palabra, pues tenemos libre acceso para hablar con el Padre cara a cara como lo hizo Moisés en el monte Sinaí, ya no necesitamos, sacrificios en vano y tampoco sacerdotes intermediarios, todos podemos tener una libre conversación con el Dios eterno, a través de nuestro único mediador que es Cristo.

"Y hablaba Jehová a Moisés cara a cara, como habla cualquiera a su compañero. Y él volvía al campamento; pero el joven Josué hijo de Nun, su servidor, nunca se apartaba de en medio del tabernáculo". (Éxodo 33:11)

"Porque hay un solo Dios, y un solo mediador entre Dios y los hombres, Jesucristo hombre, el cual se dio a sí mismo en rescate por todos, de lo cual se dio testimonio a su debido tiempo. (1 Timoteo 2:5-6)

El deseo de Dios y el celo por su creación todavía están vigentes hoy, los diez mandamientos dados a Moisés en el monte Sinaí son solo una parte de lo que Él espera de nosotros, y esto no es agua pasada, sino el preludio para una conversión, ¿Cómo puede conocer el hombre que es un pecador sino por la ley?, Porque si desechamos la ley, entonces menospreciamos la obra de Jesús, porque si por la ley no se muestra el pecado, pues entonces en vano también es la obra de la redención.

Porque por el amor que permanece en Cristo, mientras la ley se muestra al impío, entonces la gracia restaura el corazón quebrantado, porque el Señor que es justo muestra su ley para que por ella salga a la luz el pecado, mientras la gracia abunda para todo el que se arrepiente.

"Pero la ley se introdujo para que el pecado abundase; mas cuando el pecado abundó, sobreabundó la gracia; para que así como el pecado reinó para muerte, así también la gracia reine por la justicia para vida eterna mediante Jesucristo, Señor nuestro. (Romanos 5:20-21)

En este capítulo todo se hizo claro para mí, pero sus palabras acerca de dioses ajenos, "No te inclinarás a ellas, ni las honrarás", habían sido grabadas en mi mente y en mi corazón, las cuales encierran mucho más de lo que nuestros ojos pueden ver, esto es una verdad que muchos creyentes de hoy todavía no han logrado entender, el solo hecho de tener un ídolo, te pone de espaldas a Dios, porque no te inclinarás dice el Señor, pero tampoco las honrarás, por insignificante que parezca, ninguna imagen o ningún ídolo, le agrada a Dios.

"Jesús dijo: Amarás al Señor tu Dios con todo tu corazón, y con toda tu alma, y con toda tu mente. Éste es el primero y grande mandamiento. Y el segundo es semejante: Amarás a tu prójimo como a ti mismo. De estos dos mandamientos depende toda la ley y los profetas" (Mateo 22:37-40)

"Confirmado"

Para este tiempo ya los líderes me habían enseñado como buscar pasajes en la Biblia, entonces comencé a buscar referencias sobre las palabras que yo había escuchado desde el principio, ciertamente no había dudas que este mensaje había sido hablado por Dios y confirmado por su palabra, era el mismo Dios eterno que me estaba guiando desde el principio a leer la Biblia y conocerle mejor.

Unos días después de haber entregado los ídolos, era un domingo y en el culto de la mañana mientras la adoración estaba en su mejor momento, de repente muchas lágrimas comenzaron a salir de mis ojos, yo no entendía por qué, en realidad yo me sentía satisfecho de ser parte de la Iglesia y tampoco tenía motivos para estar triste, al contrario me sentía con nuevas energías, sin embargo el Señor había programado este momento para dejarme saber que desde el principio su único interés era guiarme, salvarme y bendecirme, y ese día, mientras más yo apretaba los ojos para no llorar, pues más lagrimas salían de mis ojos, estas lágrimas literalmente corrían por mi ropa y entonces las palabras que al principio el Señor me había regalado, ahora el Espíritu Santo las traía nuevamente a mi recuerdo y en un instante se hacían realidad para mí, lágrimas no de dolor sino para evidenciar que su poder se estaba perfeccionando en mí, no había dudas que el Dios verdadero de la Biblia, había sido el mensajero de aquellas palabras que al principio yo no entendía, pero ciertamente su significado era divino.

Rev. “No sientas pena cuando grandes lágrimas tengas en los ojos que brotan del alma”

La Biblia dice: “Mas he aquí que en los cielos está mi testigo, Y mi testimonio en las alturas. Disputadores son mis amigos; Mas ante Dios derramaré mis lágrimas”. (Job 16:19-20)

Rev. “No juzgues con ligereza, producirías heridas en el corazón de un hermano y no quedará impune porque la justicia de Dios es grande”

La Biblia dice: “No juzguéis, para que no seáis juzgados. Porque con el juicio con que juzgáis, seréis juzgados, y con la medida con que medís, os será medido”. (Mateo 7:1-2)

Rev. “No te afanes en adornar el cuerpo con trajes y Joyas, la ostentación nada bueno produce al corazón, solo serás agraciado a la vista de los que miran por fuera”

La Biblia dice: “Vuestro atavío no sea el externo de peinados ostentosos, de adornos de oro o de vestidos lujosos, sino el interno, el del corazón, en el incorruptible ornato de un espíritu afable y apacible, que es de grande estima delante de Dios”. (1 Pedro 3:3-4)

Entonces, comprendí el significado de aquellas palabras que me habían acompañado durante tantas noches desde el principio de esta relevante travesía y que habían sido el motivo de nuestra preocupación.

“Su presencia”

“El Espíritu de verdad, al cual el mundo no puede recibir, porque no le ve, ni le conoce; pero vosotros le conocéis, porque mora con vosotros, y estará en vosotros”. (Juan 14:17)

La oración, el ayuno y la lectura de la Biblia eran nuestro pan de cada día, las reuniones nocturnas eran parte de nuestro compartir, el Señor se empeñaba cada día en alcanzar a otros, y se glorificaba en cada reunión, su presencia y su poder se hacían sentir de tal manera que siempre nos sorprendía.

Nosotros vivíamos en el tercer nivel de un edificio grande, y en el segundo nivel vivía un matrimonio que eran muy visitados por sus hijos; Dori, la esposa de su hijo menor se sentaba frente a la puerta, la cual siempre estaba abierta y una mañana mientras yo pasaba delante de ella, esta vecina me detiene en la escalera y me pregunta ¿Por qué cuando tu pasas por frente al apartamento yo siento que mi piel se eriza?, entonces le respondí: es obra del Espíritu Santo, el cual me acompaña, ella me miró y literalmente su mirada reflejaba el significado de sus palabras, solo dijo: "Yo te creo porque yo fui cristiana y luego me aparté de la Iglesia, yo conozco al Espíritu Santo"

Cerca de quince días después, yo me encontraba trabajando en mi casa y de pronto siento personas gritando, y al asomarme al balcón de mi apartamento supe que algo estaba pasando con el esposo de Dori, aquella que se sentaba frente a la puerta y se había alejado de la Iglesia, yo no me detuve a preguntar, solo entré en mi cuarto y comencé a orar, un rato después supe que su esposo se había caído delante de una carreta agrícola y sus llantas habían pasado por encima de sus piernas, motivo suficiente para causarle algún daño físico, sin embargo unas horas después y luego de ser examinado en el hospital, milagrosamente el hombre se encontraba bien, ya él estaba caminando y no se le encontraron fracturas en sus piernas; y como era de esperarse en horas de la tarde, nuestra vecina se acercó nuevamente a mí, su mirada era de asombro y sus palabras también, entonces tuvimos un pequeño dialogo:

Dori: ¿Te enteraste lo que sucedió a mi esposo?

Yo: Sí, pero he sabido que está bien.

Dori: Sí, él se encuentra bien, pero ¿Tú estabas orando por él verdad?

Yo: Sí, estuve orando por él, ¿pero cómo lo sabes?

Entonces ella solo me dijo: porque cuando yo recogía a mi esposo tirado en la carretera sentía en mi cuerpo lo mismo que siento cuando tu pasas por frente al apartamento.

No puedo negar que yo también me quedé asombrado al saber lo que había sucedido, y aunque esto es solo una pequeña muestra de lo que Dios puede y desea hacer con nosotros, es una clara evidencia de su misericordia y poder, tenemos que reconocer que aún nosotros siendo infieles y pecadores Dios siempre muestra su amor por nosotros, y un ejemplo de esto es que ese día el Espíritu Santo estaba allí a la hora y en el lugar exacto del accidente mostrando la grandeza y la compasión de Dios.

"Mas Dios muestra su amor para con nosotros, en que siendo aún pecadores, Cristo murió por nosotros". (Romanos 5:8)

"Y la esperanza no avergüenza; porque el amor de Dios ha sido derramado en nuestros corazones por el Espíritu Santo que nos fue dado". (Romanos 5:5)

Rev: "Si conocieres el amor de Dios en lo más profundo de tu corazón, verías este amor derramarse en lo más extenso de su plenitud"

"La gloria es para el único Dios verdadero y el testimonio para edificar la Fe de los que creen"

Capitulo 4

Enviados

"Pero recibiréis poder, cuando haya venido sobre vosotros el Espíritu Santo, y me seréis testigos en Jerusalén, en toda Judea, en Samaria, y hasta lo último de la tierra" (Hechos 1:8)

Había sido yo alcanzado, liberado y bautizado por el Espíritu Santo en pocos días y no tenía ni la remota idea de cuánto significaba, pero gracias a los líderes de la Iglesia quienes me explicaron y enseñaron el propósito de Dios para nosotros y además donde la Biblia habla acerca de esto, así como Jesús dijo a sus discípulos, una vez que hemos sido bendecidos nuestro deber es servir de bendición a otros.

"Y yendo, predicad, diciendo: El reino de los cielos se ha acercado. Sanad enfermos, limpiad leprosos, resucitad muertos, echad fuera demonios; de gracia recibisteis, dad de gracia" (Mateo 10:7-8)

En el capitulo uno del libro de los Hechos se muestra claramente, ¿por qué somos bautizados por el Espíritu Santo?, Jesús les dijo a sus discípulos no se vayan de Jerusalén, hasta que reciban la promesa del Padre.

"Porque Juan ciertamente bautizó con agua, mas vosotros seréis bautizados con el Espíritu Santo dentro de no muchos días". (Hechos 1:5)

Bautizados para ser testigos, llamados y enviados a testificar acerca del Reino de Dios y los privilegios de la salvación, las buenas nuevas del evangelio de la gracia para alcanzar a los que se encuentran todavía en tinieblas, somos investidos con poder de lo alto para hablar con denuedo acerca de la muerte y resurrección de Cristo, comisionados y enviados para formar parte de un cuerpo, "La Iglesia" donde Cristo es la cabeza, y así la Biblia lo describe:

"Un Dios y Padre de todos, el cual es sobre todos, y por todos, y en todos. Pero a cada uno de nosotros fue dada la gracia conforme a la medida del don de Cristo". (Efesios 4:6-7)

"He aquí, yo enviaré la promesa de mi Padre sobre vosotros; pero quedaos vosotros en la ciudad de Jerusalén, hasta que seáis investidos de poder desde lo alto". (Lucas 24:49)

Si bien Jesús les había dicho a sus discípulos no salgan hasta que reciban la promesa del Padre, el Espíritu Santo, es porque en medio de una sociedad tan arrogante era necesario que Dios mismo depositara de su poder para que la predicación del evangelio cumpliera con su propósito.

Si realmente en estos tiempos menospreciamos el ministerio del Espíritu Santo y el poder que necesita cada creyente, entonces estaríamos siempre ocupados pero ciertamente seriamos poco efectivos, por eso un bautismo de poder y una pequeña llama que ardía dentro de mí, fueron suficientes para que yo comenzara a orar por los necesitados, y hablarle a todo el que tenía una oportunidad sobre lo que Dios estaba haciendo en nuestras vidas, sentía que era mi obligación que todos supieran acerca de Jesús y lo que sucede cada vez que damos pequeños pasos de Fe.

"Denuedo"

Entonces viendo el denuedo de Pedro y de Juan, y sabiendo que eran hombres sin letras y del vulgo, se maravillaban; y les reconocían que habían estado con Jesús". (Hechos 4:13)

Pronto el hecho de ser enviado comenzaba a tener nuevos matices para mi, y el Señor tenía nuevos retos para cada día, al parecer se empeñaba en mostrarme que a veces es necesario salir de la comodidad del hogar para alcanzar a otros, aún cuando las circunstancias no parecen ser buenas, y para esto necesitamos que Dios nos ayude, creo que la palabra denuedo sería lo ideal para pedir en estos casos, lo cual se traduce en osadía, confianza, valor, etc; apenas llevaba pocos días visitando la Iglesia cuando una madrugada el Señor me visitó con estas palabras: "Todo aquel que trate de engañar a Dios será castigado con la misma fuerza que la ola golpea la roca"

Al mismo tiempo de escuchar estas palabras, pues me mostraba la imagen, el rostro de una persona al cual llamaban Willy, sabía dónde estaba su casa y además lo había visto en la Iglesia durante la pasada campaña, en ese momento yo no entendía, pero era evidente que el mensaje era para él, yo no tenía confianza con este joven, habíamos cruzado pocas palabras, pero me estaba siendo confiado un mensaje que sin dudas era para él.

Entonces esa mañana me levanté temprano y me dirigí hasta casa de Willy, al llegar le llamé desde el pasillo de la entrada y enseguida me atendió, yo no sabía cómo decirle, me sentía como un intruso en su vida pero sabía que era mi deber, entonces le dije: traigo un mensaje de Dios para ti, yo no sé lo que significa, ni tampoco es necesario que me digas, pero esto fue lo que me sucedió, y le conté acerca de la visión, entonces me miró como con pena y me dijo: es verdad que es para mí, y continuó diciéndome, he estado dentro de la Iglesia por muchos años pero nunca he podido dejar las bebidas alcohólicas, en ese momento ambos nos quedamos sin palabras, en realidad no se podía argumentar mucho más, pero lo cierto es que Dios no puede ser burlado, y su deseo era que Willy terminara con esta situación, solo le puse la mano en el hombro y le dije: ya he cumplido con Dios y me marché, el joven aún teniendo pleno conocimiento de la verdad, literalmente menospreció el mensaje de Dios y continuó bebiendo, y unos días después el Señor, dolorosamente lo estaba sacando a la luz y no de una manera agradable.

"Yo conozco tus obras, que ni eres frío ni caliente. ¡Ojalá fueses frío o caliente! Pero por cuanto eres tibio, y no frío ni caliente, te vomitaré de mi boca". (Apocalipsis 3:15-16)

Solo habían pasado pocos días después, cuando una mañana bien temprano mientras oraba en mi habitación, el Señor me mostraba la imagen de otra persona como si fuera una foto, un hombre de mediana edad el cual yo conocía solo de vista, nunca había cruzado ni una sola palabra con él, pero como era nativo del mismo pueblo donde yo había nacido, entonces yo conocía algo de lo que se escuchaba y la situación era que este hombre se había aislado en su casa cerca de diez años por lo que parecía ser un desorden psicológico, al principio yo quería pensar que era solo una casualidad producida por mi mente, pero la imagen venía a mi mente cada vez que yo oraba en mi habitación, entonces sabía que debía tomar acción y no sabía cómo hacerlo, preguntaba a Dios ¿Que significa y qué relación tiene conmigo?, y lo único que llegaba a mi mente era: "Solo cree, anda y yo te llevaré"

Entonces no había nada más que preguntar, este hombre vivía cerca de nuestros familiares que por cierto se encontraban a unos trece kilómetros de nuestra casa, así que para el siguiente fin de semana planificamos una visita a nuestra familia, con doble objetivo.

"Así que ya no sois extranjeros ni advenedizos, sino conciudadanos de los santos, y miembros de la familia de Dios". (Efesios 2:19)

El fin de semana al llegar a casa de nuestra familia, yo sabía que tenía un deber que cumplir y que debía ser rápido y preciso, entonces le dije a mi esposa e hija: manténganse orando mientras yo hago la visita al hombre, porque yo no sé cómo va ser su reacción y pronto me dirigí hacia su casa, no puedo negar que me sentía un poco nervioso pero sabía que Dios estaría conmigo, al yo golpear en su puerta enseguida él estaba frente a mí, entonces solo le dije: buenos días, yo traigo un mensaje de Dios para ti, el hombre me recibió formalmente y me invitó a pasar y sentarme, entonces la situación ya se veía mejor.

Mis primeras palabras fueron de aliento para él cuando le dije que yo había estado orando y Dios me había mostrado su rostro, se veía con deseos de escuchar más y entonces literalmente comencé a hablarle del amor de Dios, con palabras que yo no había planificado, el estuvo un rato escuchando atentamente y de pronto me dijo: yo estuve visitando una Iglesia cristiana por breve tiempo pero a mi familia no le agrada ni tampoco me quieren llevar, entonces supe en ese momento cuál era el mensaje y el propósito de Dios para él, era evidente que Dios lo quería de regreso en la Iglesia, le aconsejé que buscara la forma de volver a congregarse, él se sentía a gusto con mi visita y no quería que me marchara, su rostro reflejaba la alegría al estar escuchando de Dios, pero no había mucho que yo pudiera hacer en ese momento, estábamos en presencia de uno de sus familiares que por su mirada y su forma de actuar era evidente que no le agradaba mi presencia allí, ni tampoco mi mensaje, pensé que sería bueno dejarle saber al Pastor que estaba en esta zona para que le visitara y le hiciera un seguimiento y eso fue lo próximo que hice, pero esta situación me enseñaba lo valioso que es ponerse al servicio de Dios, el cual nunca se olvida de nosotros y que de alguna manera Él siempre va a enviar su provisión.. leer (Mateo 25:34-40)

"Y respondiendo el Rey, les dirá: De cierto os digo que en cuanto lo hicisteis a uno de estos mis hermanos más pequeños, a mí lo hicisteis". (Mateo 25:40)

Hay situaciones en la vida que nos pueden aislar de los demás, pero si en algún momento sientes que estás solo, aislado, deprimido, apartado o marginado, no has sido el único, yo también estuve allí, pero además quiero decirte que Dios ha provisto una solución y una gran familia que te puede ayudar, Jesús y la Iglesia, solo déjate llevar, recuerda que con cuerdas humanas y lazos de amor Él nos atrae, aunque no lo creas cuando Dios envía una persona es como si estuviera enviando a un ángel, su amor y compasión es depositado sobre los que llevan su mensaje.

"Permanezca el amor fraternal. No os olvidéis de la hospitalidad, porque por ella algunos, sin saberlo, hospedaron ángeles. Acordaos de los presos, como si estuvierais presos juntamente con ellos; y de los maltratados, como que también vosotros mismos estáis en el cuerpo". (Hebreos 13:1-3)

"Discípulos"

"Aconteció en aquellos días, que Jesús vino de Nazaret de Galilea, y fue bautizado por Juan en el Jordán". (Marcos 1:9)

Mientras el Señor se glorificaba en nuestras vidas, nos dimos a la tarea de aprender y obedecer las escrituras, y tal como dice la Biblia, nuestro próximo paso sería bautizarnos en agua luego de recibir a Cristo, porque lejos de ser una costumbre es una ordenanza del Señor, tanto que el mismo Jesús pidió a Juan el Bautista que le bautizara, entonces cuando entendimos todo esto decidimos enseguida comenzar a tomar las primeras clases en la Iglesia antes de ser bautizados, las cuales continuaron abriendo nuestros ojos para el conocimiento sobre Dios, y tres meses después estábamos siendo sumergidos en las aguas para el bautismo, reconociendo y declarando nuestro deseo de abandonar las malas obras del mundo para seguir a Cristo.

"Toda potestad me es dada en el cielo y en la tierra. Por tanto, id, y haced discípulos a todas las naciones, bautizándolos en el nombre del Padre, y del Hijo, y del Espíritu Santo; enseñándoles que guarden todas las cosas que os he mandado; y he aquí yo estoy con vosotros todos los días, hasta el fin del mundo. Amén". (Mateo 28:18-20)

La obra de Dios en nuestras vidas seguía en aumento y se hacía visible cada día, mi deseo por aprender de las escrituras seguía tomando fuerzas, entonces comencé a estudiar en un nuevo nivel del discipulado para líderes, incluyendo la visión de la Iglesia, intercesión y evangelismo, sentía que una nueva puerta al conocimiento de Dios se abría delante de mí.

"Por vuestra comunión en el evangelio, desde el primer día hasta ahora; estando persuadido de esto, que el que comenzó en vosotros la buena obra, la perfeccionará hasta el día de Jesucristo". (Filipenses 1:5-6)

Los tiempos de oración y estudio en nuestra casa estaban en su mejor momento y el Señor nos seguía motivando, tanto, que una tarde mientras yo oraba y me preparaba para este tiempo, el Espíritu Santo trajo estas palabras a mi mente: "No se detengan porque grandes cosas van a suceder"

"Él, revela y confirma"

"Os he dicho estas cosas estando con vosotros. Mas el Consolador, el Espíritu Santo, a quien el Padre enviará en mi nombre, él os enseñará todas las cosas, y os recordará todo lo que yo os he dicho". (Juan 14:25-26)

El Espíritu Santo revela y también confirma, su presencia y sus obras eran notables cada día, haciendo conforme a su santa voluntad; Nosotros nos reuníamos dos veces por semana en una pequeña casa que había sido destinada para la oración, el ayuno y la predicación, la cual llamábamos "casa culto" y una tarde mientras yo me alistaba para luego ir a nuestro tiempo en esta casa culto, escuché su voz nuevamente cuando me decía: "Hoy vas a poner tu mano sobre un enfermo"

Un rato después nos fuimos para el culto donde estuvimos un poco más de una hora, todo estuvo tranquilo y normal, pero al finalizar el mismo, cuando ya todos se estaban marchando había una hermana que no se veía bien, estaba sentada aún y su rostro me decía que algo estaba sucediendo con ella, entonces le pregunté ¿Te sientes bien?, y ella rápido me respondió que sentía algo extraño en su pecho, como un peso que le estaba molestando, enseguida yo le comentaba a nuestro líder Rafa para hacer una oración por ella, pero me pareció extraño de alguna manera, que él me dijera: no te preocupes que el Espíritu Santo está tratando con ella, pronto se le va a quitar, debo señalar que este hermano no dejaba pasar una sola oportunidad para orar por alguien, estaba siempre dispuesto para la oración, entonces la hermana Yami que era su nombre, se marchó con el grupo de mujeres rumbo a su casa, que por cierto era cerca de la nuestra, pero por el camino su molestia en el pecho se había convertido en una falta de aire.

Como de costumbre siempre que el servicio se terminaba yo era el último en salir de la casa culto porque me quedaba ayudando a cerrar las ventanas, la puerta, y además aprovechaba para aclarar mis dudas, y esa noche, cerca de veinte minutos después estaba yo en camino para mi casa, entonces cuando me disponía a subir las escaleras hasta mi apartamento, venía bajando otra hermana a gran velocidad y le pregunto: ¿Qué sucede?

Entonces ella me dice: ¡Yami tiene una opresión en el pecho con falta de aire y voy a buscar a Rafa para que ore por ella!

Pero como yo sabía que ya Rafa debía estar llegando a su casa, que por cierto era bastante lejos de la nuestra, entonces le pregunto: ¿Donde está ella? y la hermana me responde que Yami estaba en mi casa.

El asunto era obvio y además lógico, el esposo de Yami no era cristiano y por temor a una reacción contraria de su parte, pues entonces tres hermanas y mi esposa decidieron llevarla para nuestra casa, realmente cuando yo entraba a la casa pude ver su desespero, tanto que ella se encontraba en la sala de nuestro apartamento de rodillas y golpeando el piso con sus manos, con una fuerza tremenda, entonces caminé hasta la mesa del comedor donde puse mi Biblia y el reloj, y en ese mismo instante el Espíritu Santo me dijo: "Ahora declara liberación sobre ella"

Tal como escuché, eso mismo fue lo que hice, rápidamente le puse la mano sobre su espalda y declaré liberación sobre ella en el nombre de Jesús, al momento comenzó a toser y a expulsar un liquido espeso por su boca, y yo continuaba orando hasta que ella dijo: "gracias Señor" lo que ella había expulsado en un momento era bastante y desconocido para nosotros, luego la sentamos en una silla hasta que en breves minutos ella dijo que ya se sentía mejor, entonces Yami quien ya tenía un buen semblante fue acompañada por una hermana hasta su casa, tranquila y liberada, y lo que el Espíritu Santo me había hablado, ciertamente esa noche se había cumplido, dando evidencias que Él revela y también confirma.

"Y estas señales seguirán a los que creen: En mi nombre echarán fuera demonios; hablarán nuevas lenguas; tomarán en las manos serpientes, y si bebieren cosa mortífera, no les hará daño; sobre los enfermos pondrán sus manos, y sanarán". (Marcos 16:17-18)

"La palabra"

"Y Jesús le dijo: Yo iré y le sanaré. Respondió el centurión y dijo: Señor, no soy digno de que entres bajo mi techo; solamente di la palabra, y mi criado sanará". (Mateo 8:7-8)

Una noche cuando estábamos cerca de comenzar el acostumbrado tiempo de oración en nuestra casa llegaba una amiga, como nosotros decimos, de la familia, la cual nosotros llamábamos con cariño (Severe), ella no era cristiana pero si había visitado la Iglesia, y mi esposa le comentó lo que estábamos haciendo y la invitó a quedarse a compartir con nosotros este tiempo, y le dijo: así aprovechas para orar por alguna necesidad, entonces ella aceptó y dijo: tengo una hermana que está en cama con una cadera fracturada y el tiempo de reposo según los doctores se puede extender hasta seis meses, ella lo había dicho: "Según los Doctores" sin saber que Dios estaba a punto de glorificarse, porque nosotros, que estábamos viendo las cosas que estaban sucediendo, pusimos su petición en oración delante de Dios y declaramos todo lo que dice su palabra en el nombre de Jesús.

Solo una semana después nuestra amiga se volvió a presentar en nuestra casa, y apenas entraba por la puerta dijo: ¡Vengo a dar un testimonio! y continuó diciendo, de pronto mi hermana ha comenzado a caminar y los médicos no se explican cómo, ni tampoco su hija que es enfermera, ella no sabe qué fue lo que sucedió, ellos están todos asombrados, pero yo se que fue Dios quien la sanó y por eso vine a testificar; era evidente que la hermana de nuestra amiga había sido sanada por Dios, ella y nosotros sabíamos que había sido la mano de Dios obrando, en el momento que creímos y declaramos su palabra; gloria a su nombre.

"Alabad a Jehová, porque él es bueno, Porque para siempre es su misericordia" (Salmos 136:1)

Toda la gloria es para Dios, pero el testimonio es para que otros también crean y vengan a los pies de Jesús, pero hay muchos que aún viendo los milagros no se arrepienten y siguen en sus malas obras porque de esto habla la Biblia cuando dice que: aún viendo no creerán y oyendo no entenderán.

"Para que se cumpliese la palabra del profeta Isaías, que dijo: Señor, ¿quién ha creído a nuestro anuncio? ¿Y a quién se ha revelado el brazo del Señor? Por esto no podían creer, porque también dijo Isaías: Cegó los ojos de ellos, y endureció su corazón; Para que no vean con los ojos, y entiendan con el corazón, Y se conviertan, y yo los sane". (Juan 12:38-40)

¡Ahora! presta atención aquí donde la Biblia dice: que la incredulidad también es obra del enemigo de Dios y de las almas, el que ha cegado el entendimiento a esta generación para que no crean ni se conviertan de sus malas obras.

"Pero si nuestro evangelio está aún encubierto, entre los que se pierden está encubierto; en los cuales el dios de este siglo cegó el entendimiento de los incrédulos, para que no les resplandezca la luz del evangelio de la gloria de Cristo, el cual es la imagen de Dios. Porque no nos predicamos a nosotros mismos, sino a Jesucristo como Señor, y a nosotros como vuestros siervos por amor de Jesús". (2 Corintios 4:3-5)

"Opresión"

"Y he aquí una mujer cananea que había salido de aquella región clamaba, diciéndole: ¡Señor, Hijo de David, ten misericordia de mí! Mi hija es gravemente atormentada por un demonio". (Mateo 15:22)

Satanás y sus demonios, todos son enemigos de Dios y de las almas, los cuales son adorados y honrados en este siglo, y estos no tienen amor ni compasión por nadie, ni aún por los más pequeños.

Teníamos una vecina en el mismo edificio llamada Agna, ella y su familia comenzaron a reunirse con nosotros en los cultos y tiempos de oración, los cuales se habían mudado para otra casa, ella, su esposo y un niño como de tres años, donde una de las paredes de esta casa colindaba con el patio de un centro espiritual que yo conocía, donde se invocan otros espíritus, una fachada del Diablo para hacer sus malas obras a través de los demonios, y una noche cerca de las doce de la noche nos sorprendimos cuando mi esposa y yo regresábamos de la Iglesia, y esta misma vecina con su hijo en los brazos al cual llamaban Juansi, estaba frente a nuestro edificio esperando por nosotros para pedirnos una oración por su hijo, el niño había pasado toda la tarde y la noche muy inquieto, llorando todo el tiempo y se quejaba de dolores en el cuerpo, ella había decidido llevarlo al hospital pero antes quería que alguien hiciera una oración por él y allí mismo en el frente del edificio hicimos una pequeña oración en el nombre de Jesús, y luego ella tomó el autobús que le dejaba frente al hospital de niños y se marchó con él.

Al día siguiente le preguntamos a nuestra vecina como se encontraba Juansi y nuestra sorpresa fue aún mayor cuando ella nos dijo que por el camino al hospital ya el niño estaba contento y al llegar al hospital siendo examinado por el Doctor, sus palabras fueron:
¡Este niño está mejor que nosotros!

Unos días después Juansi fue nuevamente oprimido por estos espíritus demoníacos, llevándolo a una condición que los doctores no sabían cómo explicar, donde literalmente estuvo entre la vida y la muerte por varios días, pero para la gloria de Dios, luego de una intensa jornada de oración donde estaban comprometidos el Pastor y los líderes de nuestra Iglesia, fue nuevamente levantado y fortalecido por Dios y por la gracia de nuestro Señor Jesús, hasta hoy vive.

Por esto y mucho más no debemos estar conformes con solo ser creyentes, expuestos a ser llevados de un lado para otro por cualquier doctrina de engaño, sino que empeñados en ser discípulos y cimentados en la palabra de Dios, nos ponemos en las manos de Jesús para buenas obras, porque para esta generación es más fácil pasar como creyentes, pero como dice la Biblia Jesús nos ha llamado a ser discípulos, y hablando en términos bíblicos, todo discípulo es un creyente, pero todo creyente no es un discípulo, el creyente tiene Fe, pero el discípulo tiene Fe, pasión, compromiso, compasión y entrega.

Una de las cualidades que más aprecia Dios y marca la diferencia entre creyentes y discípulos es la obediencia, el hombre es rebelde por naturaleza y obedecer es una de las cosas que más trabajo nos cuesta, por cuanto esto implica hacer un cambio en el carácter, hábitos, costumbres, creencias y tradiciones, pero es difícil que podamos ver todas las bendiciones de Dios si aún siendo creyentes no somos obedientes, por tanto la Biblia debe ser nuestra regla de Fe y conducta, pero nuestra actitud define cuanto creemos y estamos dispuestos a ceder y obedecer.

"Fortalecidos con todo poder, conforme a la potencia de su gloria, para toda paciencia y longanimidad; con gozo dando gracias al Padre que nos hizo aptos para participar de la herencia de los santos en luz; el cual nos ha librado de la potestad de las tinieblas, y trasladado al reino de su amado Hijo, en quien tenemos redención por su sangre, el perdón de pecados". (Colosenses 1:11-14)

Rev: " Puestos vuestros ojos en la verdad, para
que no seáis hallado en el pecado"

"La gloria es para el único Dios verdadero y el testimonio para edificar la Fe de los que creen"

CAPITULO 5

El Carpintero

¿No es éste el carpintero, hijo de María, hermano de Jacobo, de José, de Judas y de Simón? ¿No están también aquí con nosotros sus hermanas? Y se escandalizaban de él. (Marcos 6:3)

Vivimos en una sociedad con una fuerte inclinación hacia las cosas que se ven, olvidando que lo que no se ve también es una parte importante para nuestras vidas, nuestros ojos solo ven lo que se muestra por fuera, mientras que Dios puede mirarnos por dentro y por fuera, en la época de Jesús tampoco era diferente, por eso los que no le conocían solo alcanzaban a ver a un simple carpintero, pero realmente no conocían la deidad que llevaba por dentro, trabajaba como carpintero pero su naturaleza era y es la de Dios.

Jesús antes de comenzar su ministerio terrenal y cumplir el propósito para el cual fue enviado trabajaba como un simple carpintero, pero lo que hacemos para ganarnos el pan no es lo que define nuestra naturaleza, una vez que recibimos a Cristo como salvador personal es normal que comencemos a tener experiencias y sentimientos que son espirituales, porque la mente y la naturaleza de Cristo comienzan a tomar forma dentro y fuera de nosotros.

Así Jesús, como todo un carpintero espiritual comienza a darle forma a nuestras vidas, como si estuviera dándole forma a la madera de un precioso mueble, lo cual es un proceso que también toma su tiempo, dedicación, esfuerzo, empeño y a medida que vamos creciendo, nuestra Fe se verá envuelta en diversas pruebas para hacernos madurar y evidenciar que la Fe sin obras es muerta.

El trabajo de Dios no es alimentar nuestro ego, sino formar nuestro carácter, asegurándose que nuestro caminar nos lleve hasta su presencia y esto no se produce por arte de magia sino que en ocasiones el Señor utiliza métodos y hasta situaciones que ciertamente no entendemos y siempre no son de nuestro agrado.

"La prueba de la Fe"

"Hermanos míos, tened por sumo gozo cuando os halléis en diversas pruebas, sabiendo que la prueba de vuestra fe produce paciencia. Mas tenga la paciencia su obra completa, para que seáis perfectos y cabales, sin que os falte cosa alguna". (Santiago 1:2-4)

La palabra proceso o prueba es algo que a veces nos atemoriza como cristianos, pero lo cierto es que su propósito es fortalecernos, llevarnos a madurar, crecer y vivir como Dios espera y además que las personas que nos rodean puedan ver en nosotros la imagen del Cristo que predicamos.

En mi caso una vez dejado la idolatría, todavía tenía que ser confrontado y trabajado en muchas otras áreas de mi vida y una de ellas era el carácter, por lo cual ya Dios estaba moviendo su mano.

Después de haber aceptado a Cristo, luego de haber visto sus milagros y maravillas, habiendo experimentado la paz y el gozo, siendo ya parte de la Iglesia de Cristo, pero sin saber, ni tener tiempo para prepararme, me encontraba yo en camino de experimentar y conocer lo que significa "La prueba de nuestra Fe"

Como ya dije antes yo vivía en Cuba, en un edificio de apartamentos en el tercer piso, una construcción que, aunque no era la peor, tenía ciertos desperfectos y las filtraciones de agua por el techo eran nuestra mayor preocupación, no había forma de arreglarlo, pero tampoco era constante porque el abastecimiento de agua se hacía cada dos o tres semanas y para resolver esto teníamos depósitos de agua ya preparados, pero un día a nuestra vecina de arriba como ya había sucedido en varias ocasiones, se le estaba rebosando su depósito de agua y derramándose en el piso, lo cual era suficiente para filtrarse hacia nuestro apartamento, y casi siempre sucedía por el conducto de corriente que daba luz al balcón de nuestra casa, entonces cuando yo me disponía a decirle a mi vecina una vez más, que tuviera cuidado con esto, ya en verdad esta situación me tenía un poco molesto, mi esposa siempre me decía, déjame que yo le digo, en realidad ella nunca quería que yo fuera a hablar con la vecina, pero esta vez yo dejándome llevar por el enojo y además dando un pésimo testimonio, no hice caso a mi esposa y le reclamé a la vecina y no fue de la mejor forma y así mismo ella y su hija me respondieron a mí.

En esta comunidad el bombeo de agua se hacía a intervalos de tiempo para así poder abastecer a todos los edificios el agua de manera eficiente, pero como si fuera una casualidad, ya Dios tenía algo preparado para hacerme entender que todo gira alrededor de sus planes, y que sus métodos aunque parezcan extraños nos ayudan para ser disciplinados y corregidos; tanto así, que esa misma noche nos fuimos para el culto en la Iglesia la cual quedaba un poco lejos de nuestra casa, y sin percatarnos habíamos dejado una llave de paso en el fregadero de la cocina abierta y estando nosotros en el culto comenzaron el bombeo de agua para nuestro edificio; nosotros siempre habíamos sido bien cuidadosos con esta situación del agua, porque todos los apartamentos tenían la misma condición con las filtraciones y el nuestro no era la excepción.

Estábamos regresando de la Iglesia cerca de las doce de la noche, cuando vimos la cantidad de agua que había frente al edificio como cuando una tubería ha estado rota, las escaleras estaban todas mojadas y en el piso de nuestro apartamento había suficiente agua, era como para entrar en pánico, pero enseguida sacamos toda el agua, secamos el piso, y luego nos fuimos a la cama, y el solo hecho de tener que enfrentar a los vecinos que vivían debajo de nosotros en la mañana era un motivo para que yo pasara toda la noche dando vueltas en la cama, nosotros habíamos experimentado antes que una pequeña cantidad de agua en el piso de nuestro apartamento era suficiente para molestar a los vecinos de abajo, pues se imaginan esta cantidad de agua que se había derramado por más de dos horas sin descanso, tanto que había salido por debajo de la puerta de entrada y estaba corriendo por las escaleras, decían mis vecinos, como si fueran las mismas cataratas del Niágara.

Al día siguiente me levanté temprano, como dice el refrán "De lo malo se sale rápido" y voy a hablar con los vecinos de abajo, pero mi sorpresa era aún mayor que la cantidad de agua que se había derramado, la vecina estaba como si nada hubiera pasado, y le digo: buenos días, vengo a disculparme por la situación de anoche con el agua y pagar los daños causados, y ella me mira como desorientada y me dice ¿Qué daños? porque aquí en mi casa no se ha filtrado ni una gota de agua, en verdad yo no podía creer lo que estaba escuchando, solo podía ser obra de un milagro, la mano de Dios estaba en este asunto, la vecina me dijo: entra y comprueba con tus propios ojos, realmente yo tuve que entrar al apartamento y mirar el techo y las paredes porque si alguien me hubiera contado yo no le habría creído, era cierto, ni una marca de agua se veía en el techo, ni en las paredes, ¡Nada ni siquiera una sombra de agua!, les puedo asegurar que solo un milagro hecho por Dios podía haber evitado que el agua se filtrara para el apartamento de abajo.

Esto era una clara evidencia tal y como me dijo mi esposa, el Señor me estaba dando una pequeña lección, no para buscarme un problema con los vecinos de abajo, sino para que yo aprendiera a comportarme con los vecinos que vivían arriba, y esta lección me sirvió tanto, que en los meses posteriores, cada vez que yo veía el agua filtrarse por el techo de mi apartamento, entonces yo entraba en mi habitación y con deseos de volver a reclamar a la vecina, oraba y me aguantaba poniendo la situación en las manos de Dios, como dice la Biblia:

"Venid a mí todos los que estáis trabajados y cargados, y yo os haré descansar. Llevad mi yugo sobre vosotros, y aprended de mí, que soy manso y humilde de corazón; y hallaréis descanso para vuestras almas; porque mi yugo es fácil, y ligera mi carga". (Mateo 11:28-30)

"Un obrero aprobado"

He podido aprender con el tiempo que la obediencia a Dios no se recibe por gracia, porque aunque el Espíritu Santo nos ayuda a vencer nuestras debilidades, nosotros tenemos que hacer la parte que nos corresponde, tomando una actitud que nos permita caminar en la dirección correcta, conforme a su palabra, la Biblia dice que Dios nos ayuda, no dice que Él hace nuestra parte, pero lo que sí está claro es que nosotros somos responsables por nuestros actos y luego nos toca asumir las consecuencias.

La Biblia nos exhorta a no contender sobre la palabra, lo cual su significado es: Enfrentarse (dos o más personas) entre sí para imponer su voluntad o conseguir un objetivo.

"Recuérdales esto, exhortándoles delante del Señor a que no contiendan sobre palabras, lo cual para nada aprovecha, sino que es para perdición de los oyentes. Procura con diligencia presentarte a Dios aprobado, como obrero que no tiene de qué avergonzarse, que usa bien la palabra de verdad". (2 Timoteo 2:14-15)

En este verso nos dice claramente que no debemos contender sobre la palabra (La Biblia) porque esto para nada es provechoso, y en mis comienzos en la Iglesia ya alguien me había hablado sobre este principio, pero yo realmente menosprecié este consejo, y un día un hermano de nuestra Iglesia, el cual acostumbraba a visitarnos regularmente, comenzó a traer ciertas falsas doctrinas a nuestra casa, algo que escuchaba de unos amigos, pero como ambos estábamos estudiando en el mismo nivel del discipulado, esta situación me empezó a molestar y lejos de corregir sus errores con paciencia, lo que hice fue contender con la palabra, sin medir las consecuencias de la parte que me tocaba.

El hermano se marchó tranquilo, pero al parecer el Diablo se quedó en mi casa, todo me molestaba, nadie me podía hablar, estaba alterado, dejé de orar, y aunque mi esposa oraba yo seguía igual, era evidente que algo andaba mal, tanto que como al tercer día mi esposa me dice, si no te calmas pues yo me voy de la casa, entonces estas palabras realmente me hicieron reaccionar, sabía que era mi culpa y desde ese momento hice un esfuerzo y comencé a orar, pero la situación se mantenía y aunque mi deseo era que todo terminara yo no sabía cómo lo podía solucionar.

La situación se mantuvo igual durante varios días, pero en la noche del séptimo día antes de irme a dormir, me arrodillé a los pies de la cama y le dije: Señor ya no aguanto más, aquí voy a estar hasta que me digas que es lo que está sucediendo, estuve largas horas de rodilla y ni una sola palabra, el sueño y el dolor en las piernas me comenzó a molestar, me acosté en la cama, cansado y decepcionado, entonces me quedé dormido y luego comencé a soñar que mi esposa y yo estábamos en medio de una pelea como nunca antes habíamos tenido, y en medio de esta situación yo me desperté y entonces al instante el Señor me dijo: "Reprende al espíritu de pleito", entonces tal como había escuchado eso mismo fue lo que hice en el nombre de Jesús y de inmediato el espíritu me había abandonado, parece ficción pero la última pelea que tuvimos fue esa noche y en ese sueño.

La desobediencia a Dios y a su palabra puede provocar grandes consecuencias en el campo espiritual, pero que se reflejan en nuestra vida social y familiar, afectando también aquellos que nos rodean, por eso la Biblia refleja lo que le trajo como consecuencia la desobediencia del Rey Saúl, por haber desobedecido a Dios y menospreciar el mensaje del Profeta, lo cual había provocado que Dios apartara su Espíritu de Saúl y permitiera que otro espíritu le atormentara.

"El Espíritu de Jehová se apartó de Saúl, y le atormentaba un espíritu malo de parte de Jehová. Y los criados de Saúl le dijeron: He aquí ahora, un espíritu malo de parte de Dios te atormenta". (1 Samuel 16:14-15)

Por eso el apóstol Pablo dice en su carta a los Romanos que debemos andar y actuar conforme al Espíritu de Dios y no conforme a la carne, la cual lucha contra el Espíritu Santo y sus designios son de enemistad con Dios. “Para más referencia, leer la carta a los Romanos capitulo 8”

“Porque si vivís conforme a la carne, moriréis; mas si por el Espíritu hacéis morir las obras de la carne, viviréis”. (Romanos 8:13), Pero Santiago también nos dice: que el que haya resistido la prueba, recibirá la corona de vida que Dios ha prometido a los que le aman. (Santiago 1:12- 18)

“Amados hermanos míos, no erréis. Toda buena dádiva y todo don perfecto descienden de lo alto, del Padre de las luces, en el cual no hay mudanza, ni sombra de variación. Él, de su voluntad, nos hizo nacer por la palabra de verdad, para que seamos primicias de sus criaturas”. (Santiago 1:16-18)

¿De dónde vienen las guerras y los pleitos entre vosotros? ¿No es de vuestras pasiones, las cuales combaten en vuestros miembros?. (Santiago 4:1)

“Salmos 32”

> “Bienaventurado aquel cuya transgresión ha sido perdonada, y cubierto su pecado” (Salmos 32:1)

La Biblia dice que todo el que se arrepiente recibe el perdón de Dios, pero también dice que el que no perdona a su prójimo tampoco será perdonado, entonces es obvio que la falta de perdón entorpece nuestra relación con Dios y además es un obstáculo para las bendiciones, la acción de perdonar no es como un don que se recibe, es un acto voluntario que se debe hacer por obediencia y aunque el Señor nos ayuda, mientras más rápido perdonamos, pues más rápido seremos bendecidos.

Nosotros podemos aparentar que todo marcha bien, pero a Dios nadie le puede ocultar lo que llevamos en el corazón, por esto cerca de dos meses después de aceptar a Cristo, en una madrugada el Señor me volvió a visitar y esta vez solo me decía: "Salmos 32", lo cual me repetía una y otra vez, hasta que decidí levantarme para buscar en la Biblia, y una vez más podía darme cuenta que Dios todo lo sabe y era obvio que el mensaje era para mí, Él sabía, al igual que yo, sobre mi falta de perdón, era la primera vez que yo escuchaba sobre este Salmo pero su significado estaba claro para mí.

"La dicha del perdón" un nombre sencillo pero con un propósito eterno, la falta de perdón nos puede privar de bendiciones que han sido diseñadas por Dios para nosotros, y esa madrugada el señor me estaba abriendo una vez más los ojos dándome una nueva oportunidad, alertándome como un buen padre que es sabio y te dice: "Hijo ya es tiempo de perdonar"

Por lo que solo unos días después, habían pasado cerca de dos semanas, y sin previo aviso se me acerca una persona con la cual había yo tenido ciertas diferencias pero que habían dejado cicatrices de ambas partes, y ese mismo día me dice: "Yo necesito que tú me perdones"

De verdad esta petición me dejó sorprendido, tengo que reconocer que yo no lo esperaba en ese momento y menos desde esa persona, luego de una larga temporada de problemas, me costaba creer lo que yo estaba escuchando, pero esta era la verdadera razón del mensaje sobre el "Salmo 32", para mí no había ninguna duda que en este asunto estaba la mano de Dios, y aunque yo no había hecho planes para este momento, ya Dios los había hecho por mí.

No había nada más que preguntar ni argumentar, solo reconocer y perdonar porque así es el tiempo de Dios, solo nos queda a nosotros, obedecer para luego poder avanzar, y como dice la Biblia:

"Quítense de vosotros toda amargura, enojo, ira, gritería y maledicencia, y toda malicia. Antes sed benignos unos con otros, misericordiosos, perdonándoos unos a otros, como Dios también os perdonó a vosotros en Cristo". (Efesios 4:31-32)

"Porque si vosotros no perdonáis, tampoco vuestro Padre que está en los cielos os perdonará vuestras ofensas". (Marcos 11:26)

"Las obras"

> "Porque como el cuerpo sin espíritu está muerto, así también la fe sin obras está muerta" (Santiago 2:26)

El Señor tiene métodos que son impresionantes para enseñarnos que la Fe no tiene límites, y en cuanto a ayudar al prójimo Él se refiere que es necesario siempre tomar acción, haciendo obras en situaciones o circunstancias que requieren de nuestra ayuda y atención.

Una mañana, un grupo de nuestra casa culto, nos reunimos en casa de una hermana que había quedado viuda y vivía sola, para compartir un tiempo de lectura bíblica y oración, el cual fue muy bueno para todos, pero al finalizar este tiempo, los otros hermanos se marcharon y yo me quedé con los líderes hablando sobre temas de nuestro interés y sin darnos cuenta esta hermana ya estaba poniendo comida para nosotros encima de la mesa, por su generosidad y atención ya no había forma de negarnos a participar con ella de este pequeño almuerzo, pero yo pude apreciar que ella había compartido con nosotros quizás lo único que tenía en ese momento.

Esta situación realmente tocó mi corazón, luego me marché y en todo el camino no hacía más que pensar en lo que yo había percibido, pero al llegar a mi casa ni siquiera tuve tiempo de hablarlo con mi esposa, porque al entrar en ella, el Espíritu Santo me sacudió de una manera impresionante lo cual hizo que me pusiera de rodillas al instante para orar y preguntar que estaba sucediendo, era obvio, no era necesario preguntar a Dios, porque al momento su voz me decía: Si te dolió en el corazón comparte con ella de lo que tienes, y al instante me puse de pie y le dije a mi esposa saca todo lo que hay en la nevera y pártelo a la mitad, no había tiempo para argumentar, pusimos en una bolsa de todo lo que teníamos en nuestra despensa y me fui directo a casa de esta hermana.

En realidad, ella había hecho un gran gesto de hospitalidad, pero cuando pudo ver el motivo por el cual yo había regresado, al instante comenzó a llorar, y de verdad no hay palabras para describir su asombro y agradecimiento, pero ese día nosotros estábamos siendo enseñados y al mismo tiempo viendo palpablemente el amor y la misericordia de Dios por aquellos que le buscan y están necesitados, como dice su palabra:

"Pero alguno dirá: Tú tienes fe, y yo tengo obras. Muéstrame tu fe sin tus obras, y yo te mostraré mi fe por mis obras. ¿Mas quieres saber, hombre vano, que la fe sin obras es muerta?. (Santiago 2:18, 20)

"Multiforme"

La Biblia dice que la gracia de Dios es multiforme, o sea que se manifiesta de diversas formas y aunque a veces nosotros no entendemos cual es su propósito, su voluntad se impone por encima de nuestro escaso entendimiento.

En ocasiones el Señor también pone a prueba nuestra Fe en áreas y circunstancias que aunque parece sencillo dista mucho de serlo, toda buena dádiva y don perfecto proviene de Dios, pero aun así Él necesita saber cuan dispuestos estamos en invertir de nuestro tiempo para dedicarlo a su obra, incluyendo también nuestra ayuda hacia personas que ni siquiera nosotros conocemos.

Aunque parezca normal a veces tenemos que dejar nuestro tiempo de descanso, aún nuestro horario de sueño para orar por personas que ni siquiera saben que hay alguien en algún momento o incluso a mitad de la noche orando por ellos o por uno de sus familiares.

Un llamado de Dios en medio de la madrugada puede significar mucho más de lo que en ese momento se muestra.

Algo que nunca he podido olvidar es la triste historia de mi maestro de intercesión, el cual nos contaba una vez con gran angustia, que una madrugada el Señor lo inquietaba y le mostraba la imagen de un niño que se estaba ahogando en la playa, sin embargo él no puso mucha atención y tampoco se dispuso para hacer una oración por este niño, solo unos pocos días después lamentablemente uno de sus parientes pequeños había perdido la vida de la misma manera.

Esta triste historia había quedado grabada en mi mente, cuando unos pocos días después el Señor me estaba inquietando una vez más en horas de la madrugada, al instante me puse sobre mis rodillas y apenas comenzaba a orar la imagen de un bebé bien pequeño pasaba por frente a mis ojos como si fuera una foto, ciertamente no pude evitar recordar la historia de nuestro maestro de intercesión, sabía que por alguna razón Dios lo estaba mostrando, yo no sabía cuál era la situación, ni tampoco porqué debía orar, en mi familia no había en ese tiempo un bebé tan pequeño, yo no entendía pero sí sabía que debía interceder por él y eso fue exactamente lo que hice.

Al amanecer le conté a mi esposa y le pareció extraño al igual que a mí, pasamos todo el día sin saber quién era este bebé, en la noche yo había ido a la Iglesia a tomar mis clases en el discipulado, pero al regresar cerca de las diez de la noche, una vecina y hermana de nuestra Iglesia, estaba llamando a nuestra puerta, pero al abrir la puerta yo no esperaba semejante sorpresa, cuando ella me dijo: necesito que ores por un niño, entonces enseguida le pregunté: ¿Qué edad tiene el niño?

Ella: respondió, tiene solo un mes de haber nacido.

Yo: Le dije, ven entra vamos a orar, pero en la madrugada yo estuve orando por ese niño.

Sin lugar a dudas, esta era la respuesta para el mensaje de Dios en horas de la madrugada, era obvio que este niño se encontraba en alguna situación desagradable y Dios estaba poniendo sobre nosotros sus siervos esta responsabilidad, orar por la necesidad de alguien que no conocemos, inmediatamente esa noche oramos nuevamente por el niño y en poco tiempo nuestro Dios estaba mostrando su gloria una vez más.

Este bebé con solo un mes de nacido se encontraba ingresado en uno de los principales hospitales de nuestra provincia con un diagnóstico médico para preocuparse, según los especialistas habían encontrado lo que parecía una clase de infección generalizada en su organismo que ponía en riesgo su vida, pero ya la mano de Dios se estaba moviendo a su favor, solo unos pocos días después el bebé se encontraba en su casa, recuperándose y fuera de peligro, solo podemos decir que: "La gloria es para Dios", porque como establece la Biblia:

"Cada uno según el don que ha recibido, minístrelo a los otros, como buenos administradores de la multiforme gracia de Dios. Si alguno habla, hable conforme a las palabras de Dios; si alguno ministra, ministre conforme al poder que Dios da, para que en todo sea Dios glorificado por Jesucristo, a quien pertenecen la gloria y el imperio por los siglos de los siglos. Amén". (1 Pedro 4:10-11)

"Avanzar"

"Los ciegos ven, los cojos andan, los leprosos son limpiados, los sordos oyen, los muertos son resucitados, y a los pobres es anunciado el evangelio; y bienaventurado es el que no halle tropiezo en mí". (Mateo 11:5-6)

Aunque son incontables los tropiezos que he tenido desde que acepté a Cristo, uno de los más notables para mí ha sido en el área de los estudios, la mayor evidencia que tengo sobre mis deseos de estudiar y escudriñar las escrituras, y que realmente fueron puestos por Dios, es haber terminado todos los estudios donde comencé, porque me parece increíble cuantos métodos y personas el Diablo puede usar como instrumentos para desanimarte, confundirte y alejarte del plan de Dios para ti, en mi caso y en varias ocasiones usando personas con conocimientos para mencionar ciertos versos bíblicos fuera de su contexto.

Dios es testigo y mi esposa también que varias personas y en más de una ocasión trataron de alejarme de aquello que ya Dios había puesto en mi mente y en mi corazón, con palabras sutiles de aparente sabiduría, usadas para desenfocarme del propósito de Dios, "Estudiar la Biblia y predicar su Palabra", lo cual ha servido para ayudar, persuadir, edificar y enseñar a otros, pero ciertamente el tiempo ha sido testigo que nada ni nadie puede detener lo que ya Dios ha comenzado hacer en nuestras vidas.

En más de una ocasión alguien me decía, que no hacía falta empeñarse tanto en el estudio de la Biblia, dado que los discípulos de Jesús no habían tomado ninguna escuela bíblica y sin embargo habían sido nombrados como apóstoles, ¡Qué ironía! ¿Cómo puede un cristiano creer semejante mentira del Diablo?, cuando el mismo Jesús dijo: "Escudriñad las Escrituras; porque a vosotros os parece que en ellas tenéis la vida eterna; y ellas son las que dan testimonio de mí". (Juan 5:39)

Los apóstoles fueron discipulados durante tres años por el mejor maestro, estuvieron en el mejor instituto, fueron testigos presenciales de los mayores milagros, corregidos y enseñados por el único y verdadero Dios, la palabra viva, el más sabio y entendido entre todos los sabios, el Autor de la Vida.

Pero es fácil notar que mientras Jesús trabajaba como carpintero podía pasar desapercibido, pero cuando comenzó a avanzar en los planes del Reino, pues enseguida le vinieron las críticas, los tropiezos y los problemas, ciertamente para nosotros no va ser diferente, avanzar en la vida cristiana también es sinónimo de crecer, pero al parecer esto viene acompañado de retos, tropiezos, decepciones, oposiciones y más, porque cada vez que nos empeñamos en hacer lo que a Dios le agrada, pues entonces tropezamos con aquellos que por desconocimiento, vienen a ser como sutiles instrumentos del Diablo.

No importa cuántos se opongan, la persecución de los primeros cristianos hizo que el evangelio se expandiera con mayor rapidez a diferentes lugares, por eso si has sido llamado, preparado y enviado, aunque sientas que estas tropezando, o eres perseguido y encerrado, puedes estar seguro que en su momento el plan de Dios se va a cumplir.

El apóstol Juan después de haber pasado por grandes tribulaciones y persecuciones, finalmente fue encerrado en la isla de Patmos, donde una vez más había sido el instrumento de Dios para escribir el libro de Apocalipsis, y así lo describe:

"Yo Juan, vuestro hermano, y copartícipe vuestro en la tribulación, en el reino y en la paciencia de Jesucristo, estaba en la isla llamada Patmos, por causa de la palabra de Dios y el testimonio de Jesucristo. Yo estaba en el Espíritu en el día del Señor, y oí detrás de mí una gran voz como de trompeta, que decía: Yo soy el Alfa y la Omega, el primero y el último. Escribe en un libro lo que ves, y envíalo a las siete iglesias que están en Asia: a Éfeso, Esmirna, Pérgamo, Tiatira, Sardis, Filadelfia y Laodicea". (Apocalipsis 1:9-11)

"Aquella luz verdadera, que alumbra a todo hombre, venía a este mundo. En el mundo estaba, y el mundo por Él fue hecho; pero el mundo no le conoció. A lo suyo vino, y los suyos no le recibieron. Mas a todos los que le recibieron, a los que creen en su nombre, les dio potestad de ser hechos hijos de Dios". (Juan 1:9-12)

Rev: "El que solo camina por su sabiduría,
solo perecerá por su ignorancia"

"La gloria es para el único Dios verdadero y el testimonio para edificar la Fe de los que creen"

Capitulo 6

Cambios y Conquistas

"El que comenzó en vosotros la buena obra, la perfeccionará hasta el día de Jesucristo" (Filipenses 1:6)

Jehová nuestro Padre celestial, el creador de todo, es un Dios de orden, tal como se describe en el primer capítulo del libro de Génesis, a medida que Dios se estaba moviendo, también estaba generando cambios, poniendo orden, creando y separando, Él ya había creado los cielos y la tierra pero luego trajo luz donde había tinieblas, creó vida donde no existía, puso orden, y para que todo esto se lograra, tuvieron que suceder diversos cambios.

"En el principio creó Dios los cielos y la tierra. Y la tierra estaba desordenada y vacía, y las tinieblas estaban sobre la faz del abismo, y el Espíritu de Dios se movía sobre la faz de las aguas. Y dijo Dios: Sea la luz; y fue la luz. Y vio Dios que la luz era buena; y separó Dios la luz de las tinieblas". (Génesis 1:1-4)

"Leer Génesis capitulo 1"

Es normal que a nosotros en ocasiones nos genera un poco de incertidumbre o desconfianza la palabra cambios, pero de igual manera nuestro creador está interesado en ordenar nuestras vidas, sacarnos de la oscuridad, traer la luz donde solo se ven tinieblas, separarnos de todo lo que nos hace daño, manifestar vida y orden en medio del vacío y el desorden, dado que es bíblico y también lógico que de alguna manera se tienen que generar algunos cambios, no importa cuánto tiempo hayamos vivido una vida desordenada y vacía, Dios es nuestro creador y una vez que nos alcanza, su obra en nosotros continua perfeccionándose hasta que estemos juntamente con Cristo.

Una vida desordenada y vacía era lo que yo había conocido hasta que la misericordia de Dios nos alcanzó y como era de esperarse, otros cambios se comenzaban a manifestar en todas las áreas de nuestras vidas, familiar, social, espiritual y ministerial, el estudio de la Biblia, la oración y la predicación ya comenzaban a recorrer por otros caminos, de manera que mientras yo me preparaba en el discipulado, ya estaba siendo invitado a exponer mis primeras predicas en nuestra pequeña congregación, y solo unos meses después había sido llamado como líder para llevar la palabra a un pequeño grupo, que tenían donde reunirse pero ellos necesitaban de un predicador, un nuevo reto donde estuve por un tiempo, era evidente que la obra de Dios seguía su curso, y aunque yo sabía que estaba haciendo algo importante, pronto estaría delante de nuevos retos y cambios para mí, como dice el Señor en su palabra:

"Porque mis pensamientos no son vuestros pensamientos, ni vuestros caminos mis caminos, dijo Jehová. Como son más altos los cielos que la tierra, así son mis caminos más altos que vuestros caminos, y mis pensamientos más que vuestros pensamientos". (Isaías 55:8-9)

"Su voluntad"

"Padre, si quieres, pasa de mí esta copa; pero no se haga mi voluntad, sino la tuya" (Lucas 22:42)

Dios es soberano y su voluntad se impone para cosas que son eternas, por eso la oración de Jesús dice, que no se haga mi voluntad sino la tuya, ciertamente frente a una situación como la de Jesús, donde

ÉL ya sabía que estaba a punto de ser entregado y crucificado, solo la naturaleza de Dios se puede imponer, porque su propósito no es para cosas temporales.

Pero, ¿Qué tal si estuviéramos en una situación similar?, o aún mejor, si estuviéramos en el otro extremo de la balanza, con una gran bendición al alcance de nuestras manos pero que no sabemos si es la voluntad de Dios para nosotros. ¿Cómo le hacemos entonces?

Realmente, este era el escenario de nuestra próxima situación, para cualquiera de nosotros sería una excelente noticia que tu familia te ponga los papeles para mudarte y venir a residir en los Estados Unidos, para muchos, un motivo de fiesta y aunque para mí también lo era, otro cambio en nuestras vidas más que todo, significaba el comienzo de una nueva etapa y una nueva forma de enfocar nuestra oración, como hizo Jesús ahora me tocaba a mi decir: Padre que no se haga mi voluntad sino la tuya.

En ese momento lo ideal sería aferrarme al pasaje bíblico donde Dios le hace un llamado al patriarca Abraham para que partiera hacia otro lugar diciéndole: "Vete de tu tierra y de tu parentela, y de la casa de tu padre, a la tierra que te mostraré". (Génesis 12:1)

Aunque este pasaje nos puede animar para hacer nuestras maletas de inmediato, este llamado había sido hecho para Abraham y no para mí, entonces yo sabía que antes de moverme para cualquier otro lugar, primero tenía que asegurarme de cuál era la voluntad de Dios para nosotros y sobre todo, contar con su aprobación, un deseo que había estado por mucho tiempo en mi mente y en mi corazón, de repente estaba llegando a mis manos, como la promesa de la tierra prometida, un lugar donde fluye leche y miel, símbolo de prosperidad y bienestar, algo que literalmente sería como el sueño para cualquier cubano, pero ciertamente todo lo que parece bueno no siempre proviene de Dios, la Biblia dice que el Diablo, el enemigo de nuestras almas, le prometió a Jesús en el desierto todos los reinos del mundo, sin embargo Jesús sabía que su propósito era morir en la cruz.

"Otra vez le llevó el diablo a un monte muy alto, y le mostró todos los reinos del mundo y la gloria de ellos, y le dijo: Todo esto te daré, si postrado me adorares. Entonces Jesús le dijo: Vete, Satanás, porque escrito está: Al Señor tu Dios adorarás, y a él sólo servirás" (Mateo 4:8-10)

Basando nuestra Fe en los principios bíblicos aprendidos, yo tenía suficientes motivos para orar y solo esperar que se mostrara la voluntad de Dios para mi familia y para mí, pero solo dos oraciones puse delante de Dios en este tiempo, la misma oración de Jesús:

"Padre, si quieres, pasa de mí esta copa; pero no se haga mi voluntad, sino la tuya" (Lucas 22:42)

Además de la oración que hizo Moisés antes de continuar rumbo a la tierra prometida, cuando Jehová le dijo: "Mi presencia irá contigo, y te daré descanso. Y Moisés respondió: Si tu presencia no ha de ir conmigo, no nos saques de aquí". (Éxodo 33:14-15)

En pocas palabras yo le había pedido al Señor que si esta no era su voluntad y sí su presencia no estaría con nosotros, pues que cerrara todas las puertas para no hacer este viaje, sin embargo sucedió todo lo contrario, y solo seis meses después, mi familia y yo teníamos la visa aprobada para entrar a los Estados Unidos.

Una tierra de prosperidad pero que también tiene grandes retos, donde sin la presencia, la dirección y fuera de la voluntad de Dios, cualquiera puede caer bajo el dominio y la esclavitud de los afanes de este siglo, nuevos desafíos que ponen a prueba cada día la Fe, la Pasión y la Fidelidad a Dios, gigantes que pueden ser la provocación o el atenuante para nuevas victorias o convertirse en el recuerdo de una triste derrota, estando expuestos a quedar atrapados por una sociedad de consumo donde la falta de tiempo, el exceso de trabajo, el amor al dinero, y el afán por las cosas materiales, han hecho fallar a miles de ministros y hermanos cristianos en los últimos tiempos, utilizadas sutilmente por nuestro peor enemigo, quien te ofrece, y como se ve bueno, entonces aceptas y en poco tiempo Satanás te hace caer, entrando lentamente en un estilo de vida donde primero te sientes cómodo y seguro, y esto no te deja percibir que has descuidado o perdido tu condición y relación con Dios y que realmente has fallado y estás a punto de caer de su gracia, olvidando que la verdadera prosperidad es la que proviene de la voluntad de Dios.

Debemos estar atentos porque ciertamente vivimos en tiempos peligrosos, donde por ignorancia los mejores valores se han perdido, pero la codicia y el amor al dinero han venido a ocupar el corazón de esta humanidad, cuando, Lo que mantiene cautivo al hombre no es el dinero, sino querer darle a este el lugar que le corresponde a Dios.

"Porque los que quieren enriquecerse caen en tentación y lazo, y en muchas codicias necias y dañosas, que hunden a los hombres en destrucción y perdición; porque raíz de todos los males es el amor al dinero, el cual codiciando algunos, se extraviaron de la fe, y fueron traspasados de muchos dolores". (1 Timoteo 6:9-10)

"Aferrados a sus promesas"

"Hubiera yo desmayado, si no creyese que veré la bondad de Jehová En la tierra de los vivientes". (Salmos 27:13)

Como era de esperarse la mayoría de los nuevos comienzos son difíciles, y el de nuestra familia no sería la excepción, comenzar de cero o con poca ayuda es algo que requiere de esfuerzo, dedicación y empeño, un nuevo comienzo que venía a poner al descubierto los límites de nuestra Fe.

Así como había sido llamado Abraham, un hombre avanzado en años, sin contar con todo el vigor de la juventud, también había llegado para nosotros el tiempo de seguir los planes de Dios, cansados del camino, lejos de nuestra tierra y parte de la familia, pero contando con la presencia y la voluntad de nuestro creador, aferrados a su palabra, comenzando una nueva vida que cada día nos traería nuevas y diversas experiencias, buenas, regulares o malas, en verdad "Hubiera desmayado yo si no creyere", tal como dijo el salmista David, un hombre conforme al corazón de Dios, que aunque en su momento también fue débil, reconocía cuando aferrarse a las promesas de nuestro Señor.

Enfrentando algunos obstáculos, pero aferrados a sus promesas comenzamos a marcar nuestros primeros pasos en esta tierra de bendiciones, pero también de grandes retos y gigantes, manteniendo la mirada en Jesús, y recordando que la Fe es la certeza de lo que se espera y la convicción de lo que no se ve, dado que una promesa de Él, vale más que mil palabras, solo nos quedaba a nosotros Creer, Confiar y Esperar, aunque en ocasiones no reconocemos y hasta olvidamos que nuestra verdadera morada está en el cielo y nuestro galardón es el de Cristo, aún más, nos sentimos atribulados, angustiados y cansados, pero en este mundo hasta el mismo Jesús sintió el cansancio, y también estuvo atribulado, sin embargo sus promesas aún están vigentes, sus palabras no han expirado, porque para nuestra Fe y Esperanza se escribieron, cuando nuestro Señor dijo:

“En el mundo tendréis aflicción; pero confiad, yo he vencido al mundo”. (Juan 16:33)

“En la Crisis”

“Y sabemos que a los que aman a Dios, todas las cosas les ayudan a bien, esto es, a los que conforme a su propósito son llamados”. (Romanos 8:28)

“Cuando la crisis se convierte en una oportunidad para Dios”

Dios puede y sabe como tomar una crisis en nuestras vidas y convertirla en una verdadera oportunidad, solo depende de cómo nosotros enfrentamos o respondemos a dicha crisis.

Apenas estábamos comenzando nuestra nueva vida y de repente nos visita la crisis, ¡Como si fuera una casualidad!, pero quiero decirles que para Dios no hay casualidades, sino propósitos, hoy puedo hablarles sobre esto porque lo he vivido, para los que confían en Jehová hasta los momentos de crisis se pueden convertir en pequeños peldaños que te llevan a escalar en dirección a su propósito.

Al llegar a este país luego de haber vivido cerca de cinco meses en la casa de mi hermana, nos mudamos a un complejo de apartamentos y de inmediato comenzaron los problemas, pero en la medida que conocemos a Dios podemos entender que la convivencia es algo difícil cuando las personas que te rodean no conocen de su amor, nosotros sin saber habíamos rentado nuestro apartamento cerca de personas con las cuales era casi imposible convivir, solo teníamos dos opciones: mudarnos a otro sitio o poner la situación en las manos de Dios, y esperando una respuesta, pues entonces decidimos quedarnos.

Como si fuera poco, unos dos meses después, por una crisis de salud, me encontraba yo perdiendo mi primer empleo, lo cual me trajo otra preocupación y una nueva situación para resolver, era evidente que el escenario no se veía bien, pero que más se puede hacer, sino orar y visitar al Doctor, entre la oración, la medicación y el reposo, ya habían pasado cerca de tres meses y la situación se mantenía igual, y en lo que yo buscaba y esperaba que algo bueno sucediera, ya habían pasado tantos días que mis empleadores no me dieron la posibilidad de volver a comenzar, y mientras trataba de conseguir otro empleo, ayudaba a mi esposa en su trabajo, pero ya había tomado una firme decisión, comenzar a estudiar.

Entre la salud, la situación con los vecinos, el empleo y demás, siempre había una situación para preocuparse, cuando se suponía que por nuestra Fe, todo debería marchar mejor, sin embargo esta temporada de crisis me había llevado directamente a las aulas de un Instituto bíblico, era obvio que nuevamente había sido yo puesto en el mismo camino que apuntaba hacia el propósito de Dios, aunque no entendemos sus métodos, nuestro creador siempre tiene un camino mejor, en ocasiones el Señor, entre crisis y debilidades te va guiando, enseñando y prosperando, pero sin dejar a un lado que su plan siempre es mayor y que de alguna manera se tiene que cumplir, por esta razón la Biblia nos deja saber que en la vida del apóstol Pablo, había un aguijón, un padecer que le molestaba, algo que el Señor no había querido quitar por una simple razón, en la debilidad de Pablo se encontraba la fortaleza de Dios, el apóstol había orado en varias ocasiones por la misma situación, sin embargo este fue el consuelo que recibió:

"Y me ha dicho: Bástate mi gracia; porque mi poder se perfecciona en la debilidad. Por tanto, de buena gana me gloriaré más bien en mis debilidades, para que repose sobre mí el poder de Cristo. Por lo cual, por amor a Cristo me gozo en las debilidades, en afrentas, en necesidades, en persecuciones, en angustias; porque cuando soy débil, entonces soy fuerte" (2 Corintios 12:9-10)

Aunque nos cuesta entender los métodos divinos, dice en su palabra: "Así son mis caminos más altos que vuestros caminos, y mis pensamientos más que vuestros pensamientos" pero aunque no todos sus caminos sean de nuestro agrado, el final que el altísimo proporciona siempre será el mejor.

Entre crisis y debilidades, mi familia y yo nos fuimos acomodando y trabajando en equipo, y como la situación del vecindario se mantenía igual, pues entonces nos propusimos que debíamos comprar una casa en busca de nuestra tranquilidad, mi esposa y yo nos acoplamos en el mismo trabajo y aunque no era fácil, yo tenía tiempo para trabajar, ir a la Iglesia, orar y estudiar, que era lo que realmente necesitábamos.

Entramos en una nueva etapa de oración intensa que en ocasiones me tomaba hasta más de tres horas al día, además del estudio y todo lo demás, lo cual hizo que el Señor se glorificara en diferentes áreas y situaciones familiares y de algunos hermanos también, el resultado de nuestras oraciones se veía en todo, menos en el vecindario, pero nosotros seguíamos esperando en Dios y en dirección a nuestra meta, el tiempo seguía corriendo y aunque la espera en ocasiones nos desespera, en realidad el tiempo es un elemento indispensable para el cumplimiento de muchas cosas, hoy me parece que la espera había sido breve, pero en realidad ya habían pasado tres años.

"Pero tenemos este tesoro en vasos de barro, para que la excelencia del poder sea de Dios, y no de nosotros, que estamos atribulados en todo, mas no angustiados; en apuros, mas no desesperados; perseguidos, mas no desamparados; derribados, pero no destruidos" (2 Corintios 4:7-9)

"El tiempo de Dios"

> "Todo tiene su tiempo, y todo lo que se quiere debajo del cielo tiene su hora" (Eclesiastés 3:1)

"Creer, Confiar, Esperar"

Los tiempos de Dios son perfectos, pero para poder entrar en ese tiempo y ver las bendiciones, necesitamos poner en acción estas tres palabras, no importa cuántos se opongan, lo que ya el Señor ha determinado se cumple a su tiempo y a su hora, solo tenemos que aferrarnos a sus promesas y a su palabra, tomando la actitud adecuada, aquella que le permite a Dios hacer su obra completa y perfecta, entrando en un tiempo de reposo y oración: solo creyendo, confiando y esperando porque lo que viene de Dios siempre es mejor, aunque no lo veamos al momento.

Habíamos estado tres años en el reposo de Dios, orando por nuestros planes, incluyendo nuestra casa en esa oración, esperando una señal del cielo, una puerta abierta, una salida hacia algo mejor, y aunque los tropiezos y las artimañas del diablo nunca cesaron, ni tampoco mejoraba la situación del vecindario, ya el Señor venía pronto con una nueva victoria para nosotros, yo me encontraba ya en la etapa final para graduarme del Instituto bíblico, y habíamos comenzado a dar los primeros pasos para comprar nuestra casa, y aunque contábamos con la ayuda de personas calificadas en el asunto, se nos presentaba otro pequeño obstáculo, nos faltaban unos $5000 dólares más.

Debo señalar que los profesionales que habíamos visto en el negocio de las casas nos habían aconsejado esperar un año más y prepararnos mejor, pero en realidad yo sentía que ese era el tiempo de Dios, ciertamente de acuerdo a la lógica y a los números del personal que nos estaba asesorando, lo que se veía era que no estábamos listos para comprar en ese momento, pero lo que yo sentía en el espíritu decía: "Este es el tiempo" entonces mi esposa y yo consideramos escuchar la opinión de otros expertos y entonces mi hermana, que para ese momento estaba en los mismos trámites, nos había recomendado con otra persona que al parecer tenía amplia experiencia en el asunto.

"Es, pues, la fe la certeza de lo que se espera, la convicción de lo que no se ve" (Hebreos 11:1)

John era como le llamaban al realtor (un agente inmobiliario), el cual mi hermana nos había recomendado, quien enseguida se mostró con gran interés para ayudarnos y en la primera conversación que tuvimos nos aconsejó cómo podíamos conseguir el dinero que nos faltaba, teníamos la pre-aprobación del banco para $120,000 dólares, que tampoco eran suficiente para la oferta y el mercado del momento, ya habíamos estado mirando y visitando en busca de la propiedad adecuada y además que se ajustara al préstamo del banco, de verdad estaba difícil de encontrar algo adecuado a este dinero, ni siquiera los comentarios eran favorables, solo teníamos un recurso a nuestro favor, que sabíamos cómo hablar con Dios.

Otra vez había llegado el momento de unir nuestras fuerzas, y para nosotros los cristianos un trabajo en equipo requiere que también es preciso incluir a Dios, entonces mientras mi esposa oraba y buscaba las propiedades que estaban en venta con una aplicación desde su teléfono, yo permanecía orando y esperando la confirmación de Dios para esta nueva conquista, sucede que en muchas ocasiones no recibimos porque no sabemos cómo pedir, pero si desarrollamos confianza y relación con Dios, el Espíritu Santo dice en la Biblia: que Él nos enseña a pedir acorde a la voluntad de Dios, entonces ¿Cuál sería nuestra próxima oración?, sencilla pero conforme a su voluntad: "Señor muéstranos la casa que tienes para nosotros, no permitas que tengamos que buscar a ciegas"

Durante una semana hicimos esta pequeña oración, cuando de repente una mañana Dios volvió a visitarme con una nuevo mensaje, fuerte y claro, me dijo: “No pasa de 115”, estuve procesando en mi mente estas palabras por varios segundos, pero al instante me puse de pie y le dije a mi esposa, no busques casas que pasen de $115.000, porque ya el Señor me habló, era obvio, no había nada más que preguntar ni argumentar, el préstamo del banco llegaba hasta $120.000 dólares, pero la voz de Dios acorde a su voluntad decía que no pasaba de $115,000.

Nos acogimos al mensaje de Dios y solo habían pasado tres días, cuando mi hermana nos estaba llamando aún sin saber lo que estaba aconteciendo, para decirnos que había una propiedad en el mercado que costaba ($115,000), el precio exacto, enseguida nos pusimos de acuerdo con John y corrimos a ver la casa, a la cual pudimos entrar gracias a Dios y al desempeño de nuestro realtor, porque la vivienda estaba habitada y los dueños no podían estar presentes en ese momento.

Con el ritmo de los acontecimientos, estábamos tan alegres que fuimos todos a visitar la propiedad, mi hermana y toda la familia de ambas partes, debo destacar que esta casa tenía las condiciones adecuadas, justamente lo que estábamos buscando, además se ajustaba al préstamo y al mensaje de Dios, y en verdad a todos los que estábamos presentes nos había gustado la propiedad, y por sencillo o increíble que parezca, era evidente que esta era la casa, y que también era el tiempo de Dios, y un detalle más que nos llamó la atención fue, que en la segunda visita que hicimos a la propiedad, hablamos con el matrimonio, los dueños de la casa y resulta que “casualmente” nos enteramos ese día que el propietario ejercía como Pastor en una Iglesia cristiana.

Entre los trámites, las inspecciones y demás, pasaron unos tres meses más, el proceso de la compra fue simple y sin complicaciones ni tropiezos, los planes de Dios se estaban cumpliendo acorde a su voluntad, yo me acababa de graduar luego de tres años de estudio en el Instituto bíblico, y a pesar de los tropiezos anteriores, las crisis y las pruebas, mi familia y yo estábamos viendo palpablemente las bendiciones de nuestro Padre celestial, el tiempo de espera no había sido en vano, nuestra Fe había sido edificada una vez más, y el Señor había puesto en nuestras manos al mismo tiempo, la satisfacción de dos sueños realizados, y para la gloria de Dios y testimonio a los que creen, hasta el día de hoy hemos disfrutado de nuestra casa, con esa inmensa paz que solo proviene de Dios y sobrepasa todo entendimiento humano, como dice la Biblia:

> "Todo lo hizo hermoso en su tiempo; y ha puesto eternidad en el corazón de ellos, sin que alcance el hombre a entender la obra que ha hecho Dios desde el principio hasta el fin" (Eclesiastés 3:11)

"Haz lo que tengas a la mano"

"Entonces el Espíritu de Jehová vendrá sobre ti con poder, y profetizarás con ellos, y serás mudado en otro hombre. Y cuando te hayan sucedido estas señales, haz lo que te viniere a la mano, porque Dios está contigo". (1 Samuel 10:6-7)

Es evidente que todos no hemos sido llamados para ser grandes pastores, predicadores, evangelistas o maestros de la palabra, pero sí comisionados para el mismo propósito, "alcanzar las almas", el Señor nos provee de herramientas para comenzar a caminar en esta dirección, donde cada acción nuestra puede influenciar y determinar el futuro de muchas personas, y cuando comenzamos a trabajar para Dios con lo poco que tenemos, el Señor comienza a trabajar también para glorificarse en lo mucho.

En mis comienzos como cristiano, al igual que ahora, siempre he sentido la necesidad de hablarle a otros de la obra de Jesús, pero en aquel entonces sabía que no tenía el conocimiento necesario para hacerlo, sin embargo mi esposa y yo estábamos tratando de predicar el evangelio, compartiendo con nuestros amigos pequeños testimonios de nuestra vida y también otros que conseguíamos en discos de dvd, lo cual aparentemente no tenían mucha efectividad en aquel momento, sin embargo un matrimonio amigos nuestros que no habían conocido a Jesús, a los cuales llamábamos Geo y Mila, con quienes habíamos compartido de estos pequeños testimonios sin resultado aparente, solo unos meses después se verían envueltos en una situación delicada con el embarazo de nuestra amiga, algo que para el criterio de los doctores tendría riesgos y consecuencias irreversibles, una situación fuera de su alcance la cual hizo que ellos recordaran los testimonios sobre sanidades y milagros que le habíamos compartido en los meses anteriores.

Para esta fecha ya nosotros no estábamos viviendo cerca de ellos para ayudarles, pero nuestros amigos recordando todo lo que les habíamos compartido decidieron entregar sus vidas a Jesús y poner todo este problema en sus manos, una situación delicada la cual Dios estaba utilizado para salvar sus almas, bendecir a otros y glorificar su nombre a través de ese embarazo, unos meses después el nacimiento de la niña se había logrado con éxito y su testimonio ha servido para alcanzar a otros, evidenciando que un pequeño testimonio puesto en las manos de Dios puede producir un enorme resultado, donde el Señor va trabajando y se va glorificando desde lo poco hacia lo mucho, y lo que en aquel momento había comenzado con pequeños testimonios, hasta el día de hoy se ha convertido en una gran experiencia y una herramienta en las manos de Dios para alcanzar a muchos.

> "Entonces Jehová respondió a Moisés: ¿Acaso se ha acortado la mano de Jehová? Ahora verás si se cumple mi palabra, o no". (Números 11:23)

Hasta el día de hoy Dios continua bendiciendo, salvando, liberando, llamando al hombre para su arrepentimiento, y aunque nosotros predicamos el evangelio y oramos para que Dios toque los corazones, también es necesario que cada persona asuma una actitud correcta.

En el libro de los Hechos (16:16-34), se nos muestra una vez más el poder y la gloria de nuestro Señor, pero vale la pena destacar que en esta situación donde Pablo y Silas habían sido encarcelados injustamente al ser liberados por su poder, también el carcelero fue impactado, y tomando la actitud que Dios espera, terminó aceptando a Jesús él y su familia y esa misma noche todos fueron bautizados.

"Pero a medianoche, orando Pablo y Silas, cantaban himnos a Dios; y los presos los oían. Entonces sobrevino de repente un gran terremoto, de tal manera que los cimientos de la cárcel se sacudían; y al instante se abrieron todas las puertas, y las cadenas de todos se soltaron. Despertando el carcelero, y viendo abiertas las puertas de la cárcel, sacó la espada y se iba a matar, pensando que los presos habían huido. Mas Pablo clamó a gran voz, diciendo: No te hagas ningún mal, pues todos estamos aquí. Él entonces, pidiendo luz, se precipitó adentro, y temblando, se postró a los pies de Pablo y de Silas; y sacándolos, les dijo: Señores, ¿qué debo hacer para ser salvo? Ellos dijeron: Cree en el Señor Jesucristo, y serás salvo, tú y tu casa. Y le hablaron la palabra del Señor a él y a todos los que estaban en su casa. Y él, tomándolos en aquella misma hora de la noche, les lavó las heridas; y en seguida se bautizó él con todos los suyos". (Hechos 16:25-33)

Las bendiciones no tienen límites; la oración produce cambios en el ámbito espiritual, no hay fronteras para el que le cree a Dios, pero la pregunta del carcelero, ¿qué debo hacer para ser salvo?, es la que nuestro Señor espera de esta generación, tomando para él y su familia una promesa que está vigente para los que hoy creen, el Señor todavía bendice, pero la salvación de tu familia depende de que alguien debe dar el primer paso, subir el primer escalón, recorrer la primera milla, y Dios en su misericordia te ayudará en el resto de esta gran carrera, lo hemos visto en varias familias y en las nuestras también, tanto en la de mi esposa como en la mía, lo cual considero que debo testificar para que otros también sean bendecidos.

Cuando comenzamos a visitar la Iglesia en Cuba, en la mencionada campaña donde mi familia y yo aceptamos a Jesús, también habíamos tomado la iniciativa de llevar una foto de mi papá, mi hermana y su familia, que para ese entonces ya vivían en los Estados Unidos y tampoco habían sido salvos, la cual siempre teníamos presente en el momento de la oración por los familiares; un tiempo después de terminar la campaña yo les había enviado un video, contándoles todas nuestras experiencias, pero también me mantuve orando todos los días sobre la misma foto hasta que cerca de cuatro meses después recibí una llamada de mi hermana donde me contaba que ella, nuestro padre y las niñas, se estaban congregando en una Iglesia cristiana, donde todavía hoy cerca de ocho años después, ellas perseveran y le sirven al Señor en diferentes actividades y han sido instrumentos de Dios para bendecir a otras familias también y aunque nuestro padre ya partió a casa, a la morada celestial, me regocijo en que un día nos volveremos a ver.

Nosotros hemos continuado predicando y orando por el resto de la familia, creyendo en el cumplimiento de sus promesas, y gracias a nuestro Señor, hoy parte de la familia de mi esposa también han aceptado a Jesús y se encuentran perseverando en una Iglesia cristiana; tenemos una palabra y un Dios que respalda lo que dice: "Cree en el Señor Jesucristo, y serás salvo, tú y tu casa"

"Y cuando te hayan sucedido estas señales, haz lo que te viniere a la mano, porque Dios está contigo", por esto y mucho más, creemos en un evangelio donde se ven los resultados, porque Dios está con nosotros, cargamos un peso de gloria que bendice nuestras vidas y la de los demás, tomando cada cual la parte que le corresponde, siendo testigos y partícipes de la obra de nuestro Señor Jesús.

Los planes de Dios siempre se cumplen, no hay fronteras, y nuestro Señor va acomodando las cosas como un gran jugador de ajedrez acomoda sus fichas; yo estaba recién llegado a los Estados Unidos, y mientras pasaba los primeros días en casa de mi hermana, conocí a Franci, una amiga de ella que también era cristiana y la visitaba a menudo, ella siempre estaba dispuesta y trabajando en las cosas de Dios, pero un día el Señor llegó a mostrarle en un sueño a mi hermana sobre una gran tormenta que se detenía frente a ella, y cuando mi hermana le comentaba a su amiga sobre este sueño, pues Franci le dijo que era ella la que estaba pasando por una gran tormenta y continuó diciéndole que de repente le habían comenzado a suceder una serie de problemas al mismo tiempo, y según ella estaba teniendo situaciones nocturnas que tampoco la dejaban dormir, algo que por su descripción, sabíamos que estaba bajo un fuerte ataque espiritual, atentando contra ella en varias ocasiones y tratando de cortar su respiración en horas de la madrugada.

Hasta ese momento había suficiente evidencia que algo no estaba bien, y para confirmarlo, al mismo tiempo el Señor le mostraba a otra hermana y amiga de Franci, quien se encontraba en un retiro de oración, que todo había comenzado por causa de una obra de arte que a Franci le habían regalado y ella había colocado en la pared de su casa, la cual contenía supuestamente una imagen de Cristo, pero de espaldas; la situación de Franci había llegado hasta el punto de sufrir una parálisis facial en un lado de su rostro, y en esas condiciones mi hermana la llevó a su casa una mañana, desesperada y en busca de ayuda, pero había una sola cosa que podíamos hacer en ese momento, "una oración"

Estábamos conscientes que solo un milagro la podía sacar de aquella situación y sin más espera nos dimos a la tarea de hacer la oración, pusimos nuestras manos sobre ella, y clamamos a Dios en el nombre de Jesús, una oración que fue contestada, donde se sentía la presencia del Espíritu Santo, y Franci describía que sentía un leve hormigueo que recorría su rostro, era evidente que el Señor estaba haciendo su obra, y en unos pocos días después, la amiga de mi hermana testificaba de su sanidad, donde ya su vida había vuelto a la normalidad, gracias al Señor por su misericordia, su presencia, y su poder.

"Aclamad a Jehová, porque él es bueno; Porque su misericordia es eterna". (1 Crónicas 16:34)

Para esa época, unos tres meses después, mi esposa y yo habíamos tenido la oportunidad de predicar el evangelio en varias ocasiones a un matrimonio dentro de la familia, Angelin y Alfred, los cuales ya habían visitado la Iglesia junto a mi hermana, pero aún no conocían a Jesús, nosotros comenzábamos a conocerlos en ese tiempo, y al no tener ningún resultado aparente dejamos de predicarles por un tiempo y desde entonces habían transcurrido cerca de cinco años, pero en una madrugada el Señor me visitaba nuevamente con una visión, donde me mostraba personas que no lo conocían y otros que se habían alejado de Él, la imagen de una mujer de perfil llamó mi atención, no había forma de ver su rostro, pero el Señor que todo lo sabe me reveló su nombre, el verdadero nombre de Angelin, el cual era de mi conocimiento también, en la mañana lo comenté con mi esposa y llegamos a la misma conclusión, no había dudas, ella era la única persona que conocíamos con ese nombre, ¡qué privilegio!, el Dios del cielo la estaba llamando por su nombre para una reconciliación con Él, no había nada más para argumentar, enseguida le llamé por teléfono, y al decirle que yo tenía un mensaje de parte de Dios para ella, pues entonces ambos decidieron venir a nuestra casa en horas de la noche, en verdad ella nunca habría imaginado el contenido de dicho mensaje, yo le conté todo cuanto me había sido mostrado esa noche, pero al dejarle saber que el creador del universo la estaba llamando por su nombre fue suficiente para ella y su esposo, y en ese momento luego de haber derramado algunas lágrimas, ambos hicieron la oración de fe, aceptando su llamado y comenzando a congregarse en nuestra Iglesia, en la cual se han mantenido perseverando y sirviendo desde aquella noche cuando ellos abrieron su corazón a Jesús, evidenciando que los planes y los tiempos de Dios son perfectos y que su palabra nunca regresa vacía.

"Porque como desciende de los cielos la lluvia y la nieve, y no vuelve allá, sino que riega la tierra, y la hace germinar y producir, y da semilla al que siembra, y pan al que come, así será mi palabra que sale de mi boca; no volverá a mí vacía, sino que hará lo que yo quiero, y será prosperada en aquello para que la envié". (Isaías 55:10-11)

"Edificando desde el Silencio"

"Ahora me gozo en lo que padezco por vosotros, y cumplo en mi carne lo que falta de las aflicciones de Cristo por su cuerpo, que es la iglesia". (Colosenses 1:24)

Aunque todos los cristianos en todas las épocas han sufrido el asedio y la persecución, el apóstol Pablo en particular se había caracterizado por enviar cartas a las diferentes Iglesias desde sus prisiones, o sea estaba encerrado, vigilado y marginado, pero esto no fue un impedimento para él, sino que desde la soledad y el silencio de la prisión, seguía siendo un instrumento en las manos de Dios para edificar la Iglesia y continuar el curso de la predicación.

Hay situaciones, circunstancias, crisis, prisiones, debilidades y más que pueden poner a un cristiano en el lugar correcto, desde una condición que solo Dios sabe cómo utilizar para llevarte a trabajar en función de edificar a su pueblo, desde el silencio.

Entender los caminos de Dios en ocasiones suele ser difícil pero su propósito está a la luz de las escrituras, "Alcanzar las almas", reconciliar al hombre con el creador, trabajando y preparando el camino para el día de la redención.

Todo lo que ha sido plasmado en este pequeño testimonio y mucho más, padecimientos, crisis, gozo y paz, los cuales han sido escritos desde el silencio, fueron los ingredientes utilizados por Dios en nuestras vidas, creando las condiciones perfectas para la confección de este pequeño libro, abarcando diversas situaciones, cuyo propósito es alcanzar las almas, edificar la Fe y alertar a los creyentes, ayudando a que cada persona se encuentre preparada para la venida de Cristo, teniendo en cuenta que la voluntad de Dios siempre se impone para cosas eternas y esperando con gozo que un día estaremos presentes cara a cara con el verdadero y único Dios, "el Autor de la Vida"

"Pues tengo por cierto que las aflicciones del tiempo presente no son comparables con la gloria venidera que en nosotros ha de manifestarse. Porque el anhelo ardiente de la creación es el aguardar la manifestación de los hijos de Dios". (Romanos 8:18-19)

"Porque partiendo de vosotros ha sido divulgada la palabra del Señor, no sólo en Macedonia y Acaya, sino que también en todo lugar vuestra fe en Dios se ha extendido, de modo que nosotros no tenemos necesidad de hablar nada; porque ellos mismos cuentan de nosotros la manera en que nos recibisteis, y cómo os convertisteis de los ídolos a Dios, para servir al Dios vivo y verdadero, y esperar de los cielos a su Hijo, al cual resucitó de los muertos, a Jesús, quien nos libra de la ira venidera" . (1 Tesalonicenses 1:8-10)

"No seas sabio en tu propia opinión; Teme a Jehová, y apártate del mal; Porque será medicina a tu cuerpo, Y refrigerio para tus huesos". (Proverbios 3:7-8)

Rev: "El hombre vive en un constante error porque su forma de pensar no se ajusta al propósito para el cual fue creado"

"La gloria es para el único Dios verdadero y el testimonio para edificar la Fe de los que creen"

Capitulo 7

Una persona

"A cualquiera que dijere alguna palabra contra el Hijo del Hombre, le será perdonado; pero al que hable contra el Espíritu Santo, no le será perdonado, ni en este siglo ni en el venidero. (Mateo 12:32)

Es mi deber, responsabilidad y además me complace destacar la obra del Señor en este pequeño testimonio, porque por Él han sido hechas todas las cosas y sin Él nada de lo que vemos habría sido posible, la obra de Dios avanza evidenciando el ministerio y la divina intervención del Espíritu Santo, el cual ha sido mi guía y su palabra mi luz, porque como dijo el salmista: " Lámpara es a mis pies tu palabra, Y lumbrera a mi camino" (Salmos 119:105)

Jehová nuestro Dios se compone de tres personas: Padre, Hijo y Espíritu Santo, presentes en la Biblia desde Génesis hasta Apocalipsis con diferentes roles pero con la misma deidad, poder, voluntad, propósito y sin diferencia de rangos, no obstante el Espíritu Santo ha sido ignorado y menospreciado por muchos creyentes de esta generación, dejando a un lado la veracidad de la Biblia y torciendo las escrituras hacia otras doctrinas sin fundamento.

La labor del Espíritu Santo es guiarnos a los pies de Cristo, ayudarnos a entender la verdad del Evangelio y garantizar nuestra permanencia en el Reino de los Cielos, cosa que ningún hombre o religión puede hacer, porque el fundamento de la Fe es Cristo, el único que ha vencido a la muerte, cuya vida ha sido provista para los que le aman y guardan sus palabras, por eso todo aquel que no cree en el hijo y en sus palabras, será negado delante del Padre, el cual fue enviado a esta tierra, no para alimentar una religión, sino para establecer una relación, la cual sería imposible sin la presencia del Espíritu Santo.

La Biblia, la palabra infalible de Dios, provee suficiente evidencia para demostrar que el Espíritu Santo es Dios, y la tercera persona de la trinidad, que no es una fuerza activa como muchos afirman hoy, una blasfemia que puede condenar a muchos por ignorar la verdad y torcer las escrituras, el Espíritu Santo no es una fuerza activa e inconsciente, sino que posee cualidades y personalidad, el cual también tiene intelecto, sentimientos y voluntad propia, escucha, habla, escudriña, revela, confirma, enseña, recuerda, convence, redarguye, consuela, ayuda, siente gozo y se entristece, rasgos que son característicos de la personalidad de Dios, y el mismo Jesús dejó evidencias con estas palabras antes de ascender al Cielo:

"Pero yo os digo la verdad: Os conviene que yo me vaya; porque si no me fuera, el Consolador no vendría a vosotros; mas si me fuere, os lo enviaré. Y cuando él venga, convencerá al mundo de pecado, de justicia y de juicio. De pecado, por cuanto no creen en mí; de justicia, por cuanto voy al Padre, y no me veréis más; y de juicio, por cuanto el príncipe de este mundo ha sido ya juzgado". (Juan 16:7-11)

"Aún tengo muchas cosas que deciros, pero ahora no las podéis sobrellevar. Pero cuando venga el Espíritu de verdad, él os guiará a toda la verdad; porque no hablará por su propia cuenta, sino que hablará todo lo que oyere, y os hará saber las cosas que habrán de venir. Él me glorificará; porque tomará de lo mío, y os lo hará saber. Todo lo que tiene el Padre es mío; por eso dije que tomará de lo mío, y os lo hará saber". (Juan 16:12-15)

A continuación, les recuerdo una serie de versos donde la Biblia muestra la obra del Espíritu Santo, evidenciando que no es una simple fuerza, sino una persona divina quien mantiene una relación personal y fraternal con los creyentes.

Nos ayuda a tomar sabias decisiones.

"Porque ha parecido bien al Espíritu Santo, y a nosotros, no imponeros ninguna carga más que estas cosas necesarias". (Hechos 15:28)

Ministrando éstos al Señor, y ayunando, dijo el Espíritu Santo: Apartadme a Bernabé y a Saulo para la obra a que los he llamado". (Hechos 13:2)

Nos da poder para predicar

"Pero recibiréis poder, cuando haya venido sobre vosotros el Espíritu Santo, y me seréis testigos en Jerusalén, en toda Judea, en Samaria, y hasta lo último de la tierra". (Hechos 1:8)

Reparte los dones

"Pero todas estas cosas las hace uno y el mismo Espíritu, repartiendo a cada uno en particular como él quiere". (1 Corintios 12:11)

Escudriña los corazones

"Mas el que escudriña los corazones sabe cuál es la intención del Espíritu, porque conforme a la voluntad de Dios intercede por los santos". (Romanos 8:27)

Tiene sentimientos

¿O pensáis que la Escritura dice en vano: El Espíritu que él ha hecho morar en nosotros nos anhela celosamente? (Santiago 4:5)

Tiene voluntad

"Porque el deseo de la carne es contra el Espíritu, y el del Espíritu es contra la carne; y éstos se oponen entre sí, para que no hagáis lo que quisiereis". (Gálatas 5:17)

Él Testifica

"El Espíritu mismo da testimonio a nuestro espíritu, de que somos hijos de Dios". (Romanos 8:16)

Guía a los creyentes

"Porque todos los que son guiados por el Espíritu de Dios, éstos son hijos de Dios. (Romanos 8:14)

"Y atravesando Frigia y la provincia de Galacia, les fue prohibido por el Espíritu Santo hablar la palabra en Asia; y cuando llegaron a Misia, intentaron ir a Bitinia, pero el Espíritu no se lo permitió". (Hechos 16:6-7)

Hay amor en Él

"Pero os ruego, hermanos, por nuestro Señor Jesucristo y por el amor del Espíritu, que me ayudéis orando por mí a Dios". (Romanos 15:30)

Nos ayuda

"Y de igual manera el Espíritu nos ayuda en nuestra debilidad; pues qué hemos de pedir como conviene, no lo sabemos, pero el Espíritu mismo intercede por nosotros con gemidos indecibles". (Romanos 8:26)

Revela y confirma

"Y mientras Pedro pensaba en la visión, le dijo el Espíritu: He aquí, tres hombres te buscan. Levántate, pues, y desciende y no dudes de ir con ellos, porque yo los he enviado. (Hechos 10:19-20)

Se le ha mentido

"Y dijo Pedro: Ananías, ¿por qué llenó Satanás tu corazón para que mintieses al Espíritu Santo, y sustrajeses del precio de la heredad? (Hechos 5:3)

Se le ha resistido

¡Duros de cerviz, e incircuncisos de corazón y de oídos! Vosotros resistís siempre al Espíritu Santo; como vuestros padres, así también vosotros". (Hechos 7:51)

Se le ha entristecido

"Y no contristéis al Espíritu Santo de Dios, con el cual fuisteis sellados para el día de la redención". (Efesios 4:30)

Él nos enseña

"Lo cual también hablamos, no con palabras enseñadas por sabiduría humana, sino con las que enseña el Espíritu, acomodando lo espiritual a lo espiritual". (1 Corintios 2:13)

Él Habla

"Y el Espíritu dijo a Felipe: Acércate y júntate a ese carro. Acudiendo Felipe, le oyó que leía al profeta Isaías, y dijo: Pero ¿entiendes lo que lees? (Hechos 8:29-30)

Nos da Esperanzas

"Y el Dios de esperanza os llene de todo gozo y paz en el creer, para que abundéis en esperanza por el poder del Espíritu Santo". (Romanos 15:13)

Propició el nacimiento de Jesús

"Entonces María dijo al ángel: ¿Cómo será esto? pues no conozco varón. Respondiendo el ángel, le dijo: El Espíritu Santo vendrá sobre ti, y el poder del Altísimo te cubrirá con su sombra; por lo cual también el Santo Ser que nacerá, será llamado Hijo de Dios". (Lucas 1:34-35)

Nos acompaña

"Si me amáis, guardad mis mandamientos. Y yo rogaré al Padre, y os dará otro Consolador, para que esté con vosotros para siempre: el Espíritu de verdad, al cual el mundo no puede recibir, porque no le ve, ni le conoce; pero vosotros le conocéis, porque mora con vosotros, y estará en vosotros". (Juan 14:15-17)

Nos conoce

"En él también vosotros, habiendo oído la palabra de verdad, el evangelio de vuestra salvación, y habiendo creído en él, fuisteis sellados con el Espíritu Santo de la promesa". (Efesios 1:13)

Tiene comunión

"La gracia del Señor Jesucristo, el amor de Dios, y la comunión del Espíritu Santo sean con todos vosotros. Amén". (2 Corintios 13:14)

Por esto y por mucho más, podemos afirmar que todo el que tiene conocimiento de las escrituras, pero no cree en la deidad, personalidad y ministerio del Espíritu Santo, pues entonces tiene una verdad a medias, porque este es el mismo Espíritu que inspiró a los hombres de Dios para escribir la Biblia desde Génesis hasta apocalipsis, confirmando y dando testimonio de todo a su debido tiempo, la cual nos dice:

"Porque conocemos, hermanos amados de Dios, vuestra elección; pues nuestro evangelio no llegó a vosotros en palabras solamente, sino también en poder, en el Espíritu Santo y en plena certidumbre, como bien sabéis cuáles fuimos entre vosotros por amor de vosotros". (1 Tesalonicenses 1:4-5)

"Mirad, pues, con diligencia cómo andéis, no como necios sino como sabios, aprovechando bien el tiempo, porque los días son malos. Por tanto, no seáis insensatos, sino entendidos de cuál sea la voluntad del Señor. No os embriaguéis con vino, en lo cual hay disolución; antes bien sed llenos del Espíritu, hablando entre vosotros con salmos, con himnos y cánticos espirituales, cantando y alabando al Señor en vuestros corazones; dando siempre gracias por todo al Dios y Padre, en el nombre de nuestro Señor Jesucristo". (Efesios 5:15-20)

Porque el mismo Espíritu, que desde la creación del mundo se movía sobre las aguas, propició el nacimiento de Jesús, ha bautizado y ha repartido dones a los creyentes desde los primeros cristianos hasta hoy, se ha manifestado con incontables señales, testificando y enseñando la veracidad de la Biblia, es el Espíritu Santo, el mismo Espíritu que me sacó de las tinieblas a la luz, llevándome desde los ídolos hasta Dios, el cual me ha guiado, e inspirado a escribir todo lo descrito en este libro, testificando de la verdad y poniendo al descubierto la mentira en la cual muchos se encuentran atados hoy.

Es la voz del Espíritu Santo, la cual habla desde mi interior y hoy te dice: ¡Despierta, levántate y resplandece, porque ha llegado tu luz!, el tiempo de Dios se ha cumplido, y hoy es el día que ha provisto el Señor para todo aquel que abre la mente y el corazón, vuélvete a Jesús, porque su venida no espera y para testimonio de esto, me ha sido confiado lo que dice su palabra.

"Y esto, conociendo el tiempo, que es ya hora de levantarnos del sueño; porque ahora está más cerca de nosotros nuestra salvación que cuando creímos". (Romanos 13:11)

Nuestro Dios nos advierte continuamente a través de sus siervos y de su palabra sobre las cosas que han de acontecer en los últimos tiempos, que debemos ser entendidos en los tiempos y velad porque la venida del Señor se apresura, por cuanto es mi deber comunicar y advertir a los que no están prestando atención a las palabras de la profecía, porque como dice la Biblia: "Tenemos también la palabra profética más segura, a la cual hacéis bien en estar atentos como a una antorcha que alumbra en lugar oscuro, hasta que el día esclarezca y el lucero de la mañana salga en vuestros corazones". (2 Pedro 1:19)

La Biblia ha confirmado la totalidad de las profecías cumplidas y aunque no habla de fechas en cuanto a los eventos futuros que se deben cumplir, prestad atención porque en forma de poemas me han sido confiados por Dios, dos de los próximos eventos que se esperan por cumplir, en el mismo orden y con la misma veracidad de todo lo que he testificado delante de Dios y de los hombres.

Poema: "EL Avivamiento"

Lleno está de ángeles el firmamento, que llegarán hasta tu aposento
Hay un mover violento, ¡Ya viene el avivamiento!
Veo a mi hermano contento,
Reparte el Señor sus talentos,
Unos gimen, otros lloran, y yo reviento
Es el Espíritu Santo, que golpea como el viento
Otros piensan, voy muy lento, no siento nada por dentro
Dice el Señor: ¡Vengan todos a mi encuentro!
Cristo vendrá pronto, sigiloso, ya es el tiempo,
Y no viene a escuchar tus lamentos
A ti te digo: mi hermano, tírate y ora, ayuna y busca al Señor,
Y al momento, sentirás que tú también, te estás quemando por dentro.

"Vosotros también, hijos de Sion, alegraos y gozaos en Jehová vuestro Dios; porque os ha dado la primera lluvia a su tiempo, y hará descender sobre vosotros lluvia temprana y tardía como al principio. Las eras se llenarán de trigo, y los lagares rebosarán de vino y aceite. (Joel 2:23-24)

Poema: "El Rapto"

Languidece mi espíritu y resuena como címbalo en el viento
Se entristece mi alma y mi cuerpo se estremece
Y clamo a ti ¡Oh Señor!
Ata mi cuerpo a tu barca, infla la vela y acorta el tiempo
Ya es la hora de recoger tu cosecha, porque el enemigo acecha,
Desde un lugar de tormento
Más tú Jehová, eres mi lámpara y mi sustento
¡No temas hijo, dice su voz en el viento!
No temas dice mi Padre, ¡Pronto yo voy a tu encuentro!

"Porque como el relámpago que sale del oriente y se muestra hasta el occidente, así será también la venida del Hijo del Hombre". (Mateo 24:27)

Sería fácil pensar que cualquiera con conocimientos bíblicos puede elaborar el contenido de estos dos poemas, pero lo interesante es que ambos me fueron confiados cuando yo marcaba mis primeros pasos en la Iglesia, y apenas comenzaba a leer la Biblia, revelados en el mismo orden que la Biblia lo describe, primero el avivamiento y luego el rapto de la Iglesia, de lo cual todos seremos testigos.

Pero aún más interesante es que unos pocos días antes, el Señor me estaba mostrando una inmensa luz brillante que superaba la luz del sol en todos los sentidos, y al mismo tiempo su voz me declaraba otro mensaje: "el día de la salvación, primero verás una gran luz, pero detrás quedará fuego, sangre y llanto"

Por más de siete años hemos recopilado todas las experiencias plasmadas en este testimonio, pero los planes de Dios son perfectos y en los últimos días se me ha confirmado de muchas maneras que este es el tiempo señalado para sacar a la luz, todo cuanto me ha sido confiado.

Menospreciar una señal de Dios puede acarrear desagradables consecuencias en nuestras vidas, de lo cual también he sido testigo, porque en una ocasión habiendo yo descuidado mi relación con Dios durante algunos días, el Señor me estuvo advirtiendo durante tres días que leviatán, también conocido como (la serpiente) estaba rondando mi casa.

"En aquel día Jehová castigará con su espada dura, grande y fuerte al leviatán serpiente veloz, y al leviatán serpiente tortuosa; y matará al dragón que está en el mar". (Isaías 27:1)

Tres días seguidos estuvo Dios advirtiéndome que tenía un enemigo peligroso que estaba tratando de dañar la tranquilidad de mi hogar, y estas fueron sus palabras: "Leviatán está rondando tu casa", a lo cual yo no estaba prestando atención en el preciso momento, y tan solo una semana después un auto se impactó contra el mío, destruyendo todo el lateral del lado del conductor, causándome diversos daños y como si fuera poco, solo una semana después, el auto de mi hija fue impactado también destruyéndole todo el lateral del lado del conductor.

¿Una advertencia o una casualidad?, no podemos ignorar que nuestro principal enemigo, no descansa, está siempre al acecho, esperando una pequeña oportunidad para causarnos daños y estorbar en los planes del Creador, algo que debemos considerar, sin olvidar que para Dios no hay casualidades.

El Reino de Dios y el Reino de Satanás, los Ángeles y los demonios, el Cielo y el Infierno, son reales y la Biblia lo describe, de lo cual hoy puedo testificar por cuanto he vivido innumerables experiencias que lo confirman; una vez más en el mes de Abril del 2017, el Señor me enseñaba que todo cuanto está escrito en su palabra es cierto y en esta ocasión me llevó en el espíritu para mostrarme lo que en la Biblia se describe como "El lago de Fuego"

"Y el diablo que los engañaba fue lanzado en el lago de fuego y azufre, donde estaban la bestia y el falso profeta; y serán atormentados día y noche por los siglos de los siglos". (Apocalipsis 20:10)

Tan solo unos días después me mostraba nuevamente incontables palomas blancas que subían desde la tierra hacia el cielo, símbolo del Espíritu Santo, el mismo que descendió sobre Jesús en el día que fue bautizado por Juan el Bautista, y este es el mismo Espíritu que acompañará la Iglesia para su encuentro con Cristo, en el día de la salvación.

"Y no contristéis al Espíritu Santo de Dios, con el cual fuisteis sellados para el día de la redención". (Efesios 4:30)

"De cierto, de cierto te digo, que lo que sabemos hablamos, y lo que hemos visto, testificamos; y no recibís nuestro testimonio. Si os he dicho cosas terrenales, y no creéis, ¿cómo creeréis si os dijere las celestiales? Nadie subió al cielo, sino el que descendió del cielo; el Hijo del Hombre, que está en el cielo. Y como Moisés levantó la serpiente en el desierto, así es necesario que el Hijo del Hombre sea levantado, para que todo aquel que en él cree, no se pierda, mas tenga vida eterna". (Juan 3:11-15)

Así como Juan el Bautista predicaba y bautizaba en aguas para arrepentimiento, y como el mismo Jesús predicaba que había que nacer de nuevo para entrar en el reino de los cielos, pues la promesa del Padre ha llegado para su cumplimiento, "el Espíritu Santo", antes profetizado y ahora manifestado para convencer a esta generación de que solo hay un camino que conduce a la vida, "Jesús", el único mediador, quien fue entregado, muerto y luego resucitado, por el Padre a través del "Espíritu Santo", el cual es suficiente para convencer al hombre de su pecado y estará con nosotros hasta que Cristo regrese.

Una promesa hecha realidad delante de nuestros ojos, ignorada y menospreciada por muchos en esta generación, enviado a nosotros para ayudarnos en la redención, reconciliación y santificación delante del Dios eterno, dando cumplimiento a lo prometido por Jesús pocos días después de la resurrección, mostrando al mundo una vez más su misericordia y amor, y evidenciando las palabras de Jesús desde la cruz, el cual no les tuvo en cuenta su maldad y perdonando a los angustiadores dijo: "Padre, perdónalos, porque no saben lo que hacen. Y repartieron entre sí sus vestidos, echando suertes". (Lucas 23:34)

El espíritu Santo es y será el encargado de llevarnos hasta Jesús en el día de la salvación, sin el cual nadie verá al Señor, por eso el ocuparse en las cosas de la carne es para muerte, pero el ocuparse en las cosas del Espíritu de Dios es para vida, porque el Cielo y la Tierra pasarán pero las promesas de Dios y su palabra, de cierto no pasarán ni quedarán en el olvido.

"Mas nuestra ciudadanía está en los cielos, de donde también esperamos al Salvador, al Señor Jesucristo; el cual transformará el cuerpo de la humillación nuestra, para que sea semejante al cuerpo de la gloria suya, por el poder con el cual puede también sujetar a sí mismo todas las cosas". (Filipenses 3:20-21)

"Antes bien, como está escrito: Cosas que ojo no vio, ni oído oyó, Ni han subido en corazón de hombre, Son las que Dios ha preparado para los que le aman". (1 Corintios 2:9)

"Enjugará Dios toda lágrima de los ojos de ellos; y ya no habrá muerte, ni habrá más llanto, ni clamor, ni dolor; porque las primeras cosas pasaron". (Apocalipsis 21:4)

Rev: "Regocijaos en el Señor para que seáis guardados como dignos en el día de la misericordia"

"La gloria es para el único Dios verdadero y el testimonio para edificar la Fe de los que creen"

Conclusiones

"Porque de tal manera amó Dios al mundo, que ha dado a su Hijo unigénito, para que todo aquel que en él cree, no se pierda, mas tenga vida eterna". (Juan 3:16)

La predicación del Evangelio no es una rutina para ocupar el tiempo y complacer el ego del hombre, sino la gran comisión de Jesús; una orden para declarar la verdad y despertar a los que duermen y viven en una constante mentira, una lámpara que alumbra el camino de los que están ciegos espiritualmente, una puerta que te lleva al cielo y te aleja de la oscuridad del abismo. El Evangelio de Cristo es la palabra viva de Dios que te alejará de la muerte y escribirá tu nombre en el libro de la vida.

"Y el que no se halló inscrito en el libro de la vida fue lanzado al lago de fuego". (Apocalipsis 20:15)

El deseo de Dios es que todo hombre proceda al arrepentimiento, para que alcance la salvación y la vida eterna, que es a través de Cristo, pero solamente es nuestra la decisión a tomar, porque el poder de la vida y de la muerte, está en nuestra boca.

"Mas ¿qué dice? Cerca de ti está la palabra, en tu boca y en tu corazón. Ésta es la palabra de fe que predicamos: que si confesares con tu boca que Jesús es el Señor, y creyeres en tu corazón que Dios le levantó de los muertos, serás salvo. Porque con el corazón se cree para justicia, pero con la boca se confiesa para salvación". (Romanos 10:8-10)

La confección de este pequeño testimonio no es una casualidad, sino un propósito, como también lo es, que haya llegado a las manos de cada lector, ¡Si ya conoces a Jesús! ocúpate en conservar una hermosa relación con Él, pero si has leído este libro y aún no le conoces te invito a que hagas esta pequeña oración y luego te acerques a una Iglesia Cristiana.

"La Oración de Fe"

"Señor Jesús me arrepiento de todos mis pecados, te invito que vengas a mi vida y entres en mi corazón, reconozco que eres el verdadero y único Salvador, y te pido que escribas mi nombre en el libro de la Vida, gracias Señor, amén"

El tiempo de Dios es ahora y sobre las cosas que han de acontecer puedes buscar referencias en (Lucas 21:25-38), porque la evidencia de Dios se hace visible en cada rincón de nuestro planeta, solo no dejes para mañana algo que debes y puedes hacer hoy.

¿Cómo, pues, invocarán a aquel en el cual no han creído? ¿Y cómo creerán en aquel de quien no han oído? ¿Y cómo oirán sin haber quien les predique? ¿Y cómo predicarán si no fueren enviados? Como está escrito: ¡Cuán hermosos son los pies de los que anuncian la paz, de los que anuncian buenas nuevas! (Romanos 10:14-15)

"Los cielos cuentan la gloria de Dios, Y el firmamento anuncia la obra de sus manos. Un día emite palabra a otro día, Y una noche a otra noche declara sabiduría. No hay lenguaje, ni palabras, Ni es oída su voz. Por toda la tierra salió su voz, Y hasta el extremo del mundo sus palabras. (Salmos 19:1-4)

"El hombre nacido de mujer, Corto de días, y hastiado de sinsabores, Sale como una flor y es cortado, Y huye como la sombra y no permanece". (Job 14:1-2)

"Velad, pues, en todo tiempo orando que seáis tenidos por dignos de escapar de todas estas cosas que vendrán, y de estar en pie delante del Hijo del Hombre". (Lucas 21:36)

"Que la Paz del Señor sea con todos, el único y verdadero"
"El Autor de la Vida"

Printed in the United States
By Bookmasters